JN046552

デジタル一滴シリーズ

国語の授業、最前線！

デジタル出版ツール活用事例に見るＩＣＴ

編著　大塚　葉

デジタル一滴シリーズ　刊行に寄せて

本には５００年の歴史があります。私たちは本を通じて、先人たちが書き残した経験や思想、文化や歴史を自分の知識としてきました。昔は本は知識の源であり、貴重な気づきを与えてくれる存在でした。読者と書き手の精神的な距離はとても近く、深いコミュニケーションを可能としていました。

しかし、いつの間にか出版は商売の手段となっていきました。読者は本の消費者となっていきました。書き手は自分の考えを共有できる人を探さなくなり、たくさん売ってくれる出版社を探すようになりました。デジタル出版が誕生した30年前は、まさに印刷の出版でその構図が完成した時期でした。

知恵を海にたとえるならば、本とは一滴の雫のようなものです。一滴の雫だけでは海にはならない。山火事を消すことはできません。けれども、一滴の雫から、川が、海が生まれていきます。デジタルの一滴が世界中で知恵の海になっていくでしょう。はじまりは一滴の雫です。

デジタルが普及した今、もう一度、出版を自分自身の手に取り戻すために、このシリーズを出版していきたいと思います。

鎌田純子（ボイジャー）

はじめに

この本を手にとってくださった皆さんは、今どんな立場にいるでしょうか。学校で教えている先生か、学ぶ立場の生徒や学生さんでしょうか。それとも教師を目指して勉強中、という方々でしょうか。または、生徒や学生の保護者の方々かもしれません。

本書は「教育とＩＣＴ」をテーマにしています。ＩＣＴとはInformation and Communication Technologyの略で、情報通信技術のことです。

読者の皆さんが10代、20代ならば、生まれたときからインターネットやデジタル機器（パソコン、タブレット、スマートフォンなど）があるのが当たり前で、ＩＣＴを特に意識することもなかったでしょう。

一方で、筆者を含め40代以降の方たちにとってはＩＣＴの登場はまさに革命ともいえるものでした。この数十年で私たちの生活は、アナログからデジタルに大きくシフトしてきました。

さて教育の現場に目を向けてみると、デジタル化は「現在進行形」のテーマといえるでしょう。

一口に教育のICT化といっても、さまざまな手法が考えられます。先生が白いチョークで手書きしていた黒板を電子黒板に変えるのもデジタル化ですし、生徒がデジタル端末を使ってインターネットにつないだり、紙の教科書の代わりにデジタル教科書で学んだりすることも、ICT化といえます。文部科学省が2019年に、「生徒1人1台のデジタル端末利用」という「GIGAスクール構想」を打ち出したのも、皆さんの記憶に新しいと思います。

教育現場のICT化は、このような授業そのものへの活用だけではありません。例えば生徒の学習状況や個人状況の記録を取ってデータ化することで、生徒の「エンゲージメント（学校や授業への満足度、愛着心）」を分析し、生徒の抱える課題にいち早く気づいたり先生が指導するときの参考にしたりするのも、教育のICT化の一つということができます。

こうしたさまざまな手法がある中で、本書は特に「国語の授業でのICT活用」に焦点を当てました。国語といえば「読む」「聞く」「書く」「話す」が基本といわれていますが、そこにICTを取り入れると、教え方や学び方はどのように変わっていくのでしょうか。

そのカギであり、本書のキーワードにもなっているのが「デジタル出版」です。

紙の本や雑誌を出版するというのは、誰もが日常的にできることではありませんが、電子書籍を制作して公開するデジタル出版ならば、比較的手軽に行うことができます。教育現場でデジタル出版を活用すれば、読者を意識して文章を書いたり、できた作品を生徒や学生同士で批評し合ってブラッシュアップすることによって、「国語力」が飛躍的に向上する可能性があります。

ここで登場するのが、ボイジャーが提供するデジタル出版ツール「Ｒｏｍａｎｃｅｒ（ロマンサー）」です。ロマンサーを使えば、文章作成、編集、電子書籍化、そして公開まで誰でも簡単に行えます。

そこで本書では、ロマンサーによって授業の質の向上に成功している学校へのインタビューを通じて、「国語の授業の最前線」をお伝えしていきます。

第１章では、ロマンサーがどのようなツールなのか、基本的な使い方とともに解説します。学校での利用に特化した「ロマンサークラスルーム」との違いも紹介しました。

第２章では、ケーススタディとしてロマンサーを国語の授業に活用している学校を紹介します。

第３章では教育とＩＣＴの未来について、デジタル出版や学校図書館に造詣の深い先生方にインタビューを行いました。

第4章では、先生や生徒による、ロマンサーを使った作品事例を集めました。

第5章では、第2章、第3章のほかにロマンサーを導入している学校の先生方へのアンケートを紹介しています。

本文で出てきた専門用語は、注のページで詳説しました。

本書を通じて、ICTの導入による国語の授業がここまで進化しているということを感じ取っていただければ幸いです。

目次

デジタル一滴シリーズ　刊行に寄せて …… 2
はじめに …… 3
第1章　ロマンサーがデジタル教育を支援する …… 11
デジタル出版を活用した国語教育の広がり …… 12
デジタル出版ツール、ロマンサーを使ってみよう …… 14
第2章　教育現場でのデジタル出版最前線！ …… 25
中学から大学まで、デジタル出版で学ぶ学生たち …… 26
CASE STUDY 1 …… 28
15歳でデジタル出版に挑戦、国語の授業を通じて知的探究を推進する
東京都立大泉高等学校国語科 石鍋雄大先生に聞く

CASE STUDY 2 …… 42
グーグル教育ツールや電子出版で、さまざまなアウトプットに挑戦する
公立大学法人都留文科大学文学部国文学科教授 野中潤先生に聞く

CASE STUDY 3 …… 54
こども園から大学まで「図書館中心の学校」コンセプトを進める
追手門学院大学国際教養学部教授 湯浅俊彦先生に聞く

第3章 どうなる? これからのデジタル出版 …… 73
デジタル出版で市場や教育現場はどう変わるか …… 74

INTERVIEW 1 …… 76
「デジタルファースト」時代の出版は見せ方や読み方が問われるようになる
専修大学文学部教授 植村八潮先生に聞く

INTERVIEW 2 …… 96
デジタル出版を通じて互いに交流し「書く」と「読む」の力を向上する
滋賀文教短期大学国文学科講師 有山裕美子先生に聞く

第4章 学校現場でのロマンサー活用事例 …… 113
先生と生徒によるロマンサー作品を紹介 …… 114

第5章 ロマンサー導入校に使用感をアンケート …… 127
導入3校に聞く、ロマンサーのメリットと課題 …… 128

注 …… 134
おわりに …… 136

カバーイラスト：もんくみこ
装丁・本文レイアウト：木村真樹
本文撮影：稲垣純也、皆木優子、行友重治
制作協力：株式会社丸井工文社

本書に登場する人物の役職、肩書などは原則として2023年6月当時のものです。

第1章　ロマンサーがデジタル教育を支援する

デジタル出版を活用した国語教育の広がり

本書では教育現場へのＩＣＴ導入の事例を紹介していくが、タイトルにもあるように、特に国語の授業でのＩＣＴ活用に焦点を当てる。その際に重要なキーワードになるのが、「デジタル出版」だ。

デジタル出版とは、紙の形ではなく電子の書籍や雑誌などを編集し発行することで、パソコンやタブレット、スマートフォン（スマホ）などのデジタル機器で読むことを前提とする。一つの出版物をさまざまな機器で読め、閲覧の際に文字サイズやレイアウト表示を変えられる場合もあるのが特徴だ。

パソコンやスマホなどで文章を入力するのは、いまや当たり前になってきた。「Ｔｗｉｔｔｅｒ（ツイッター）」や「Ｆａｃｅｂｏｏｋ（フェイスブック）」に書き込みをしたり、メールや「ＬＩＮＥ（ライン）」でメッセージをやり取りしたりと、コミュニケーション手段の多くがデジタルによるものになっている。

しかし、ある程度まとまった分量の文章を執筆してタイトルや見出しを付け、書籍の体裁にして発行するデジタル出版となると、誰もが気軽に日常的に行えるというわけにはいかないだろう。

そのような中、ボイジャーが主に個人向けに開発したデジタル出版ツールが「Romancer（ロマンサー）」だ。

このロマンサーを国語の授業で活用し、生徒にデジタル出版を体験してもらうことによって、読む、書く、聞く、話すといったスキルを向上させる試みが多くの学校で始まっている。こうした動きを受け、教育用に機能を拡張した有料の「ロマンサークラスルーム」も提供されている。

本書の第1章ではロマンサーの基本的な使い方を紹介し、最後にロマンサーとロマンサークラスルームの違いについて解説していく。

デジタル出版ツール、ロマンサーを使ってみよう

ここでは、ロマンサーの基本的な使い方を解説しよう。ロマンサーでは、原稿の執筆、編集、電子書籍の公開まで、全てウェブサイト上で行うことができる。

ロマンサーで書籍を制作する流れ

まずはロマンサーのウェブサイトにアクセスする。

https://romancer.voyager.co.jp/

ロマンサーのトップページが表示された（次ページの画面）。

初めての場合は、制作に入る前にここで新規会員登録する。

会員登録が終わっている場合はログインしよう。

ロマンサーのウェブサイトはここから

新規登録とログインが済むと、作品を作り始められる。これからの作業は、このウェブサイト上で進めていく。

ロマンサーでは、ウェブサイト内にある「NRエディター」という機能で原稿を執筆・編集するのがおすすめだ。ワードで書いた原稿を直接アップロードすることもできるが、NRエディターなら文章の編集もブラウザー上で直感的に行える。

ここでいう編集とは、原稿を書籍として出版するために形を整えることだ。例えば文章を章立てにして、大見出しや小見出しを付けたりできる。書籍に必要な要素であるタイトル、目次、奥付なども入れられる。

では、NRエディターを起動してみよう。

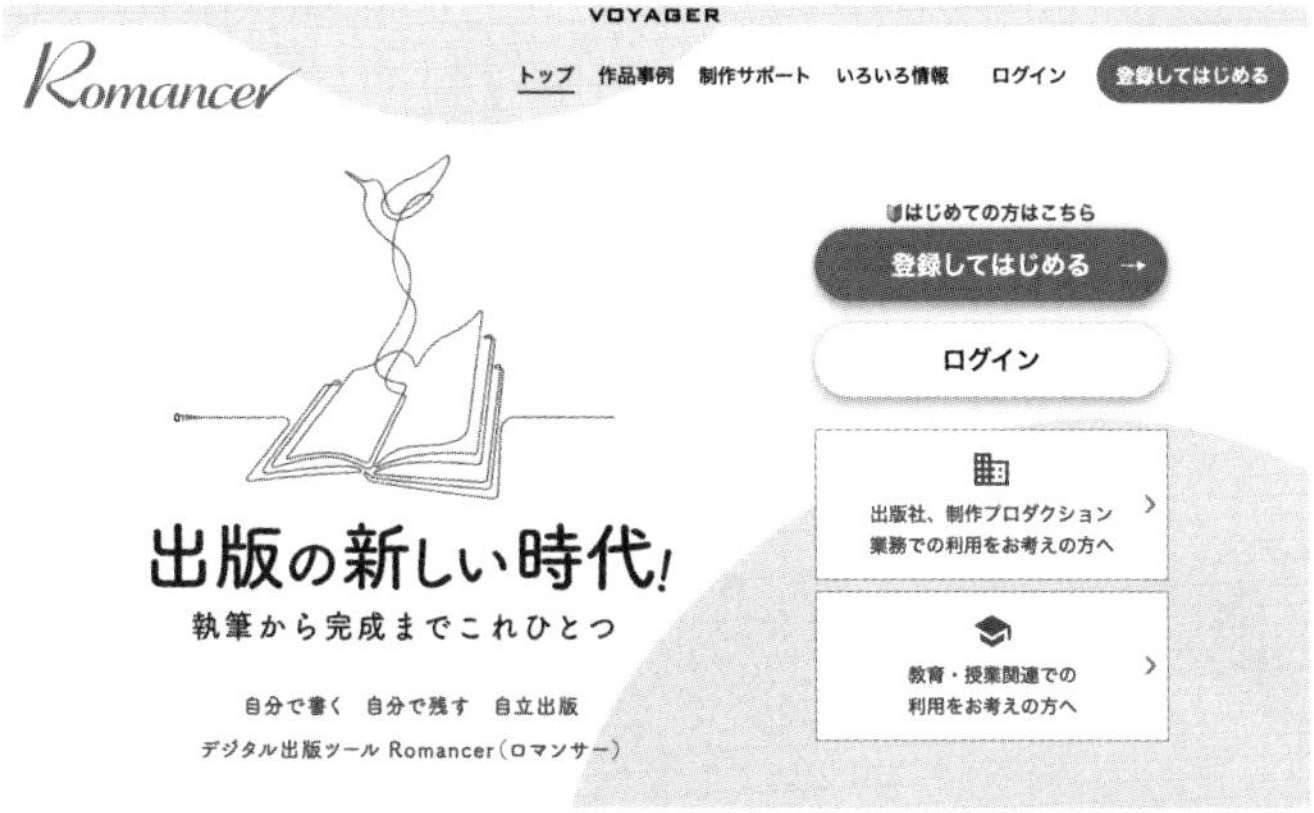

これがロマンサーのトップページ。ここで新規会員登録をする。登録が済んでいる場合はログインする

会員メニューの左上にある「ＮＲＥｄｉｔｏｒ　作品をつくる」を選んで、ＮＲエディターを起動する（上の画面）。

ＮＲエディターを起動すると、このように真っ白の画面が表示される（下の画面）。ここに用意しておいた原稿を貼り付けたり、直接入力で執筆していくことができる。

「NREditor 作品をつくる」をクリックして、NRエディターを起動する

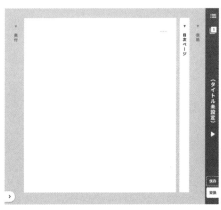

NRエディターが起動した。ここに作品のテキストを入れていく

ＮＲエディターでは、見出しを付けたり、強調したい文字を太字にしたり、漢字にルビを振ったりと、さまざまな編集ができる。

上の画面は、文章に見出しを付けているところだ。写真やイラストを貼り込んで、説明用のキャプションを入れることもできる（下の画面）。

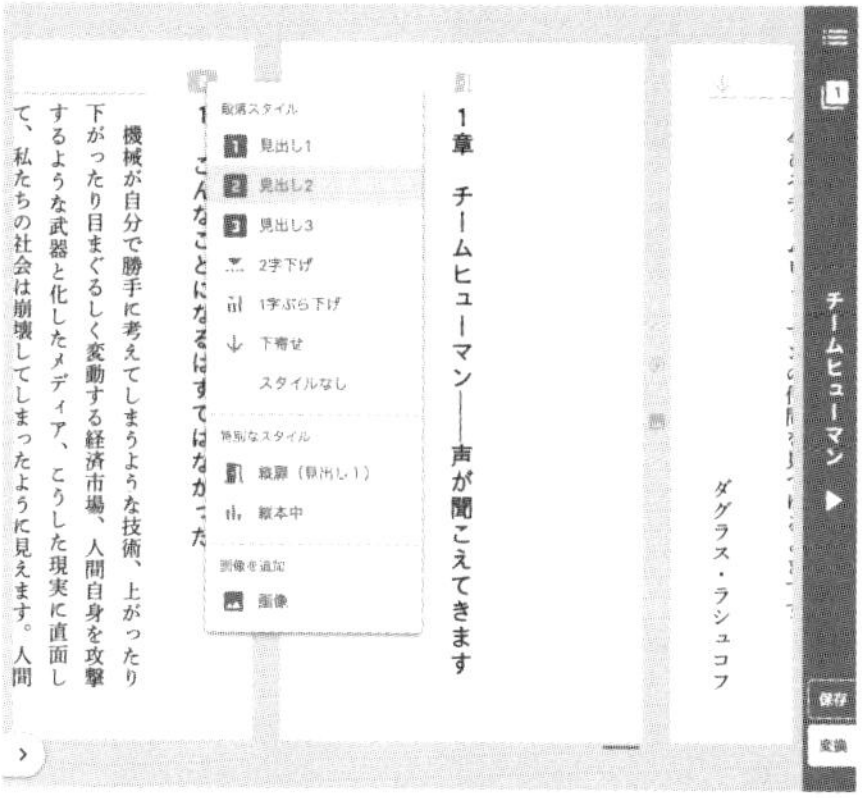

見出しにしたい部分を選んで設定しているところ。見出しのランクも選べる

イラストを貼り込んで、その下に説明用のキャプションを入力したところ

次に、書籍としての体裁を整えていこう。「作品情報」で、書籍のタイトルや著者名、出版社名などを入力する（上の画面）。

表紙を作成すると、書籍らしくなる。「表紙の設定」画面を開くと、入力したタイトルや著者名が簡易表示される（下の画面）。自分で表紙画像を作って貼り込むこともできる。

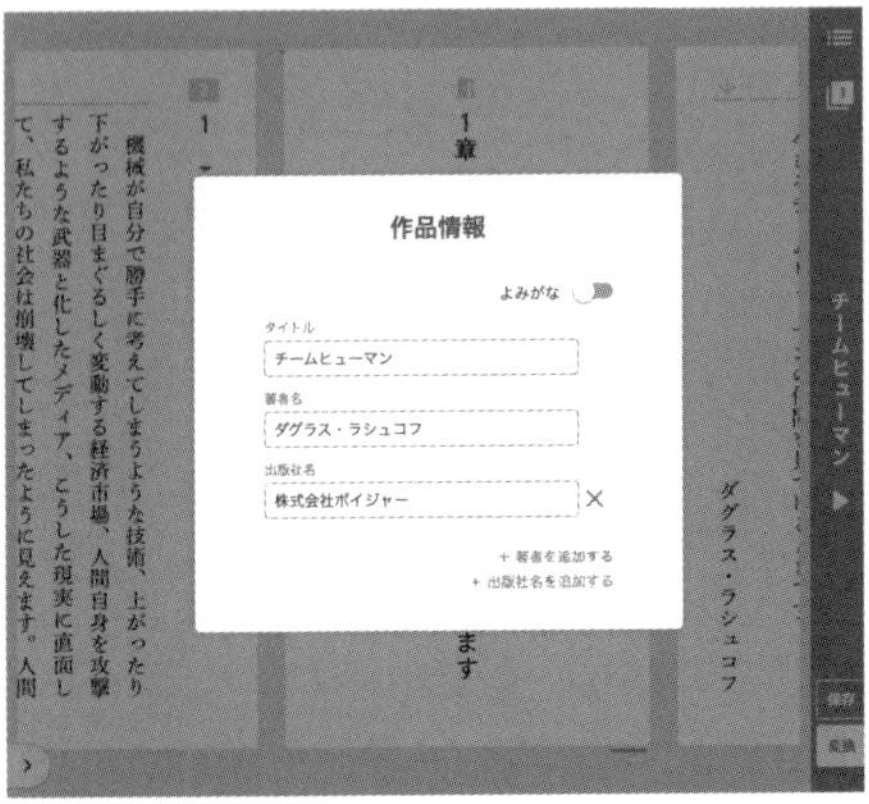

「作品情報」画面で、書籍のタイトル、著者名、出版社名などを入力する

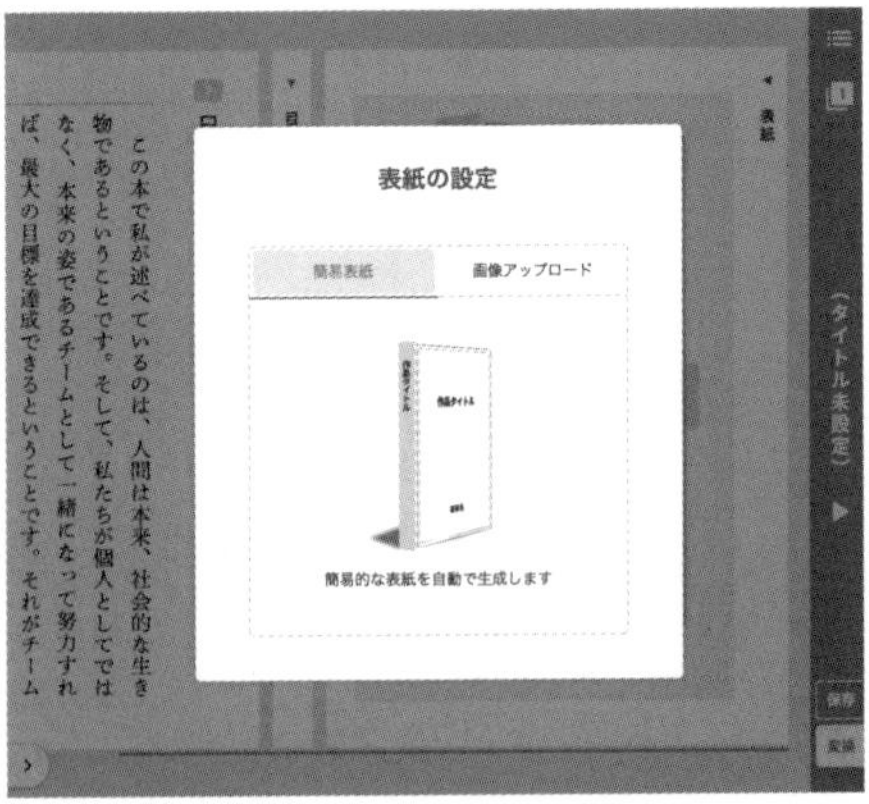

「表紙の設定」画面で、表紙イメージが表示された。入力したタイトルや著者名も入っている

この書籍の表紙は、あらかじめデザインした画像を貼り込んだものだ。表紙や「背」の部分に一工夫した書体でタイトルやロゴを入れると、本らしい見た目になる（上の画面）。目次の作成も簡単にできる。原稿に付けておいた見出しをNRエディターが自動で拾って、目次を作成してくれる（下の画面）。

タイトル、著者名などの文字をデザインした表紙。「背」の部分にもタイトルが入る

原稿に付けておいた見出しから、目次を自動で作成したところ

編集が終わったら、出版用データに変換する作業を行う。このとき「この作品は、私の著作物です」というメッセージが出る（上の画面）。執筆の際に他人の著作物を無断で使用していないかなどを確認する重要な画面なので、しっかりチェックしよう。

データ変換が終わると作品となって公開され、読めるようになる（下の画面）。

作者が正当な権利者であるかを問うメッセージにチェックを付けて、「変換する」をクリック

出版用データに変換された。書籍が「作品URL」に掲載され、読めるようになる

出版データへの変換作業を行ったことにより、書籍が作品として公開され、ＵＲＬをクリックすることで誰でも読めるようになる。なお出版データとは、「ＥＰＵＢ（イーパブ、※注参照）」という専用ファイルのことだ。

ロマンサーでは、会員種類として「無料プラン」「月額プラン」「サポーター」の三つから選択できる。登録直後は無料プランとなり、すぐ作品制作を始められるが、前ページで解説したように、書籍の公開はボイジャーのウェブサイトで配信するところまでになる。

月額プラン（毎月６６０円）を選ぶとＥＰＵＢファイルをダウンロードできるようになり、書籍をほかの書店ウェブサイトなどに掲載、販売するのに使うことができる。

「サポーター」は、最初に1万円支払えば、その後ＥＰＵＢダウンロードも含め月額プランと同じ機能を使い続けられる。ロマンサーを長く利用したいユーザー向けのプランだ。

無料プランで登録したあとに、好きなタイミングで月額プランやサポーターへの変更も可能だ。

ここまでで紹介した一連の作業は、ロマンサーのウェブサイトに動画で分かりやすく紹介されているので、参考にしてみよう。

https://romancer.voyager.co.jp/how2makebynreditor/

ロマンサーの使い方を動画で確認できる

学校向けに特化したロマンサークラスルーム

ロマンサークラスルームとは、学校で使うことを目的としてロマンサーの機能を拡張した有料サービスだ。作品を先生や生徒同士、クラスなどさまざまな単位で共有する機能がある。登録した作品を公開する範囲を、学内専用のウェブサイトに限定しているのが特徴で、生徒や学生の個人情報の流出を防ぐことができる。また、他人の著作物などを無断で公開してしまうリスクを避けることができる。

ロマンサークラスルームは第3章でも紹介しているとおり、有山裕美子先生のアドバイスを参考にボイジャーが学校向けに開発した。現在多くの中学、高校、大学などで導入されている。

ロマンサークラスルームは原則として月額利用となる。ロマンサーとロマンサークラスルームの違いを次の表に示したので、確認してほしい。

	ロマンサー〈無料プラン〉	ロマンサークラスルーム
	無料	月額 25,000 円(税別)〜 ＊基本アカウント数250名 （生徒、教員含む） 251名以上はご相談ください
制作の主体	先生	生徒
ご利用イメージ	先生が生徒の成果物を合本して電子書籍をつくる 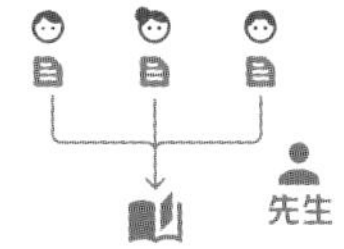 	生徒が自分で電子書籍をつくる 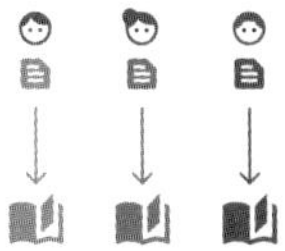
NRエディター、原稿アップロードで **作品を制作する**	✓	✓
作品の公開	✓ ロマンサーサイト等 ウェブ上に一般公開	✓ 学内専用サイトに公開
感想・コメント機能	✓	✓ コメント公開は 先生の承認制
メモ共有機能 作品本文にメモを付けて 先生と生徒の間で共有	—	✓
EPUBダウンロード	— ＊月額プランに加入すると可能	✓
特別サポート		✓

ロマンサーとロマンサークラスルームの違い

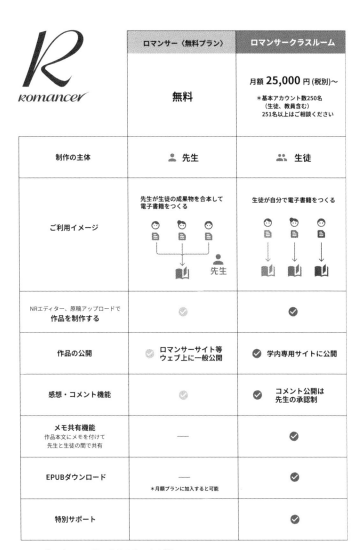

第2章　教育現場でのデジタル出版最前線！

中学から大学まで、デジタル出版で学ぶ学生たち

この章では、授業にデジタル出版を取り入れている学校3校を紹介する。いずれもボイジャーのデジタル出版ツール「Romancer（ロマンサー）」やロマンサークラスルームを導入することで、国語の授業を効果的に進めている。

最初に登場するのは、東京都練馬区の東京都立大泉高等学校。国語科の石鍋雄大先生の授業では、生徒たちがショートショートや俳句などの作品に挑戦し、ロマンサーを使った出版を体験した。授業ではロマンサーのほかにもさまざまなデジタルツールを駆使し、作品の推敲や生徒同士での批評などを行っている。

次に紹介するのは、山梨県都留市の公立大学法人都留文科大学だ。文学部国文学科の野中潤先生が、グーグルの教育ツールやロマンサーを利用した授業やゼミを展開する。ゼミを紹介する冊子を制作し、学生の書いたエッセイや小説をデジタル出版した。先生のファシリテートの下、ゼミ生が活発にディスカッションしながら作品作りを進めている。

3校目は、大阪市の学校法人追手門学院。茨木市に立地する追手門学院大学総持寺

キャンパスを訪ねた。幼児から大学生まで一貫して、電子図書館を中心にした学びを追求するユニークな学院だ。学院の図書館を管轄する湯浅俊彦先生が、児童、生徒、学生のそれぞれにあわせ、電子図書館サービスやデジタル出版を活用したICT教育を推進する。

どの学校にも共通しているのは、ロマンサーというデジタルツールの特性を上手に生かし、文章の作成や編集の方法から、書籍として発行して読者に届けるまでの一連の流れを学んでいることだ。生徒の年齢によって、出版の工程を生徒自身が行うか先生が担当するかの違いはあるが、ロマンサーやほかのデジタルツールを連携させることで、生徒たちが主体的に学び、グループワークを通じて国語力を向上させることに成功している。

各先生には、ICT教育の利点だけでなく、課題や今後の取り組みについてもお聞きした。順に紹介していこう。

CASE STUDY 1

15歳でデジタル出版に挑戦、国語の授業を通じて知的探究を推進する

東京都立大泉高等学校国語科　石鍋雄大先生に聞く

東京・練馬区に広大な校地を有する東京都立大泉高等学校・附属中学校は、併設型の中高一貫校である。2018年には、東京都教育委員会から「知的探究イノベーター推進校」に指定された。現在もICTを活用しながら、国際社会で活躍できるリーダー育成に力を入れている。同校で現代の国語と言語文化を担当しているのが、国語科教諭の石鍋雄大先生だ。

石鍋先生が同校に赴任したのは2017年のこと。デジタルに強い若手教師が多い学校ではあるが、本

都立大泉高等学校で、現代の国語と言語文化を教える石鍋雄大先生。現在は高校1年生を担当する

格的にICT活用が進んだのはコロナ禍がきっかけだ。

2020年3月、新型コロナウイルス感染拡大を受け、東京都は都立学校に一斉休校を要請した。このときオンライン授業用に推奨されたデジタルツールが、マイクロソフトのコミュニケーションツール「Teams（チームズ）」だ。

教師は学校から、生徒は自宅から参加するオンライン授業が始まった。パソコンを持たない生徒には学校から貸し出したが、きょうだいのいる家庭で授業の時間が重なると、1台のパソコンでは足りないという問題も起きた。「オンライン授業では、生徒の名前を呼びかけてはいけないのです」と石鍋先生は当時を振り返る。録画データを残すため生徒の顔や名前は表示しない決まりなのだ。パソコン画面には生徒の番号だけが映り、教師は番号で呼びかけることになっていた。

2時間のオンライン授業で作品作りをスタート

2021年9月、都から3日間のオンライン授業実施の指示があった。国語の授業に割けるのは2時間だ。「2時間の授業で完結できる魅力的な企画はないか」。石鍋先生が思い付いたのは、生徒によるショートショート執筆だった。ショートショートとは、結末にオチやどんでん返しがある短編小説で、SFなどによく見られる手法である。

学習目標は、オンラインでも授業を楽しんでもらい、授業を通じて生徒同士が認め合えるようになること。そして物語の創作により、読者を意識して相手に伝わりやすい文章が書けるようになることを目指した。

この企画には、前身となるプロジェクトがあった。2021年5月、中学3年生120人による、俳句や評論をまとめた書籍を自費制作したのだ。生徒は好きな俳句を探してきて評論したり、自分で俳句を作ったりする。こうして集まった句集を印刷所に依頼して文庫本サイズに印刷、製本した「私家本」が『句×句＝120』だ。制作には生徒も積極的に関わり、表紙をデザインしたり、手描きのイラストや寄せ書きも入れたりした。「コロナ禍で学校行事ができなくなったので、形になるものを生徒と一緒に作るのが目的でした」と石鍋先生は語る。

良い思い出づくりになったが、「とにかく制作に手間がかかりました。また、練馬区の図書館への寄贈を申し出たところ、コンテンツが著作権に抵触する可能性があり、残念ながら蔵書になりませんでした」（石鍋先生）。

生徒120人による文庫本サイズの私家本、『句×句＝120』

表紙の写真や本文イラストなども生徒たちが自主的に制作した

そこで今回企画したのが、生徒によるショートショート執筆と、デジタルツールによるデジタル出版である。先生は、ボイジャーのデジタル出版ツール、ロマンサーを使ってみようと考えた。SNSサービス「Facebook（フェイスブック）」で、石鍋先生が参加するグループ「ICTで国語授業を変える教育者の会」の中で話題になっていたからだ。

石鍋先生はさっそく、ショートショート作家の田丸正智さんのオンライン講座「物語の発想法を学ぶ」を受講。田丸さんの手法を活用して、生徒たちにショートショートを書いてもらうことにした。

ICTツールを駆使してショートショートを作成

9月20日、21日の2時間のオンライン授業はチームズを利用して行った。最初に、生徒に作品のテーマになるような身近な名詞を20個ほど探してもらう。そのうちのいくつかを組み合わせたり、関連する言葉をつなげたりしていく。こうした作業を経て、作品の題名案を決めていくのだ。次にチームズのコメント機能を使って、生徒に題名案をどんどん書き込んでもらう。「参加している生徒より題名の数が多くなるくらい、盛り上がりました」と石鍋先生は当時を振り返る。

次に題名案を基に、マイクロソフトのワープロ「Ｗｏｒｄ（ワード）」でショートショートの本文を書き、チームズに添付して提出する。学習目標の達成度を評価する「ルーブリック」（※注参照）も実施し、石鍋先生がチームズ上で生徒にフィードバックしていく。先生と生徒がリアルタイムで情報共有しつつ全ての作業をオンラインで行い、生徒によるショートショート作品が完成した。

チームズには参加者の活動時間などのアクティビティーや成長度合いを追跡するInsights（インサイト）機能があり、生徒の参加状況が即時に確認できる。オンライン授業の成果が実感できるうれしい発見もあった。「リアルな授業ではなかなか発言しない生徒が、チームズでは積極的に書き込んでいたのが印象的でした」と石鍋先生は語る。実際の教室よりもカジュアルな雰囲気で参加できたのがよかったのだろう。冒頭でも書いたように、画面に表示されるのは生徒の番号のみで「少し寂しかった（石鍋先生）」が、逆に生徒たちは気兼ねなく参加し、気軽に書き込みができたのかもしれない。

オンライン授業にはメリットだけでなくデメリットもある。リアルな教室なら、教師は全体を見回すことができるが、オンラインでは生徒の様子が分かりづらい。テーマから脱線した会話が出たとき、リアルならスルーして終われるが、オンライン上の書き込みはテキストとしていつまでも残ってしまう問題もある。これらの問題への対応や施策も、検討の必要があると石鍋先生は指摘する。

さて、集まった生徒たちのショートショート作品を、ロマンサーを使って石鍋先生が編集し、公開したのが『お話は短いけども。』だ。授業後2週間足らずの公開となった。

オンライン授業のコンテンツがデジタル出版によって形になったことで、多くの成果が見えてきた。「生徒同士はもちろん、学内の教員や保護者など関係者だけでなく、他校の先生や生徒に作品を見てもらえたのが一番の成果です」と石鍋先生は強調する。「ロマンサーは直感的に使えるので、慣れれば約1時間で電子書籍が作れます。しかもコストはゼロ。見てほしい人全員に印刷する手間もいりません」。

中学3年の生徒によるショートショート集『お話は短いけども。』。石鍋先生がロマンサーで編集した

リアル授業で歌人に教わり、歌集作りに挑戦

俳句、ショートショートに続き、石鍋先生が創作テーマに取り上げたのが短歌だ。2021年には生徒が好きな現代短歌を選んで講評したり、2チームに分かれてそれぞれ推薦する短歌の優劣を競ったりする、現代の「歌合わせ」ともいえる「T-1グランプリ」を開催したこともある。

そして2022年3月、石鍋先生担当の中学3年生が高校進学を迎える際に企画したのが、生徒による歌集作りだ。「この学年はコロナ禍に中学3年間を過ごした生徒たち。悲しい思い出ばかりで卒業させるのは不憫だと思い、短歌で自分たちの中学生活を振り返ってもらい、良い思い出として形に残してもらおうと思いました」。

既に授業もオンラインからリアルに戻りつつあった。今回の授業では、歌人の木下龍也さんを学校の視聴覚ホールに招き、120人の生徒に向けて講義と指導をお願いした。事前に生徒が詠んだ短歌をまとめて送付し、授業当日は木下さんから直接コメントをもらったり推敲してもらったりという、夢のような授業が実現した。

このとき活躍したのも、デジタルツールである。マイクロソフトのアンケート集計ツールであ

る「Ｆｏｒｍｓ（フォームズ）」に生徒の短歌を入力し、一覧にして木下さんに送付した。「本来は縦書きにすべき短歌をフォームズで横書きにしてもよいものか、という迷いもありました」と石鍋先生は語るが、逆にその手軽さが奏功したのではないか。身近なツールを効率よく活用することで、中身の濃い授業が実現できたと感じる。

　生徒はワードを使って、短歌とその歌の「タネと工夫」を書き込んで提出。授業後に石鍋先生がロマンサーで編集し公開したのが、歌集『どうも、歌人になりました』である。

中学3年の生徒の短歌を集めた歌集『どうも、歌人になりました』。これも石鍋先生が編集を担当

生徒が自発的に参加する授業で、「学び合い」を実現

インタビューの日、先生の担当する高校1年「言語文化」のクラスを参観した。この日のテーマは「村上春樹の小説におけるメタファーについて」。筆者から見ても難解そうだが、石鍋先生の指導の下、生徒たちは皆真剣に、そして楽しげに取り組んでいる。プリントを配りながら、「みんなで考えて。動き回ってもいいから。答えができたら隣の人と見せ合って」と声をかける先生。筆者が「えっ、教室を動き回っていいの?」と内心驚いていると、実際に生徒たちは後ろを振り返ったり席を立ったりしながら、お互いに議論し合い答えを見つけていく。まさに全員参加型の授業で、皆が自発的にテーマに向き合っているのが分かる。先生自身も教室を歩き回りながら細かく目配りし、ユーモアも交えつつ丁寧にアドバ

教室内を歩き回りながら丁寧に指導する石鍋先生。黒板には、プロジェクターで残り時間を投影している

イスしていた。

居眠りする生徒も、無関心な生徒もいない。ひと昔前の学校では見られなかった光景だ。今の時代はこれが普通かもしれないが、やはり石鍋先生ならではの情熱や工夫、生徒たちへの愛情あってこその一体感あふれる教室の雰囲気に、感動すら覚えた。

アナログとデジタルを上手に組み合わせて教育を推進

国語教育とICTの相性が良い理由を聞いてみた。「文章を書くとき、推敲して修正したり書き直したりする作業が必須ですよね。手書きだとときどき負担になりますが、デジタルツールならストレスなく行えます。文章の要約を何人かで行ってコメントし合うなど、共同作業もとても楽になります。『書くこと』『話すこと』を学ぶのにICTは適しているのです」。

一方で、デジタル教育に関する懸念や課題も感じている。その一つが教員や生徒のICTリテラシーだ。

さまざまな学校での現状を聞くと、従来の授業スタイルを変えることに消極的な先生もいるという。授業にICTをどのように取り入れ、効果的に活用していくべきか、悩んでいる先生も多いと耳にする。

「私自身は手書きも好きですし、全てをデジタル化すべきとは思っていません。アナログな作業も残しながら、生徒がＩＣＴを使って知識を共有し議論したりするようにシフトしていくと良いと思います」と石鍋先生。「ＩＣＴの得意な先生とそうでない先生の間に隔たりができてしまうのも、もったいないですね。デジタル教育の実践知がもっと共有され、持続可能になっていくことが求められていると思います」と語る。そのためには、校内だけでなく他校の教員との交流を通じて活動を広げていく心づもりだ。

デジタルネイティブ世代の生徒でも、ＩＣＴの授業についてこられないこともある。「今の生徒たちが最初に触れたデジタル機器はスマホ（スマートフォン）です。タップやフリック操作はできても、キーボード入力に慣れていない場合もあります」（石鍋先生）。

ＩＣＴリテラシーの欠如による危険性にも注意が求められる。私家版の句集を制作したときに浮上した、著作権問題だ。「デジタルコンテンツは簡単にコピーアンドペーストができてしまう。著作権や引用の仕方を理解せずに、ネットの情報をそのまま写してくる生徒も中にはいます。こうしたデジタル・シティズンシップ（※注参照）に関する指導も、教員の重要な責任事項だと考えています」と石鍋先生は語る。

ネットによる他者とのつながりにリスクが潜む場合もある。「生徒の作品をロマンサーで編集するとき、私が代表で行ったのはそのためです。当初、編集やレイアウトを生徒に任せてみようかとも思いましたが、ネットで生徒がログインして作業し、外部とつながることによって危険なことが起きないとも限りません」。便利で有用なデジタルツールにも、教育現場での使い方には課題が残る。

学校におけるICTの喫緊の課題として石鍋先生が指摘するのは、通信インフラと端末だ。「一番の問題は、都立の学校のインターネット環境です」。教育現場に敷かれている通信回線速度が遅く、「数十人の生徒がいっせいに『GoogleEarth（グーグルアース）』を使うと、動かなくなってしまったこともありました」。回線が弱いため、授業内容を途中で修正したこともある。東京都の補助制度で購入できるパソコンでは、重いアプリケーションを使うと動作が遅くなってしまうなどの問題もある。ただこうした課題も、少しずつ改善されてはいるようだ。

GIGAスクール構想の充実した実現のためには、こうしたICTのインフラ整備も待たれるところだ。新たな国語教育の実践に向けて、石鍋先生の挑戦は続く。

PROFILE

東京都立大泉高等学校・附属中学校主任教諭

石鍋雄大

1987年生まれ。文教大学教育学部卒業後、筑波大学大学院教育研究科で国語教育を専攻。2013年に東京都立豊島高等学校に赴任後、2017年に東京都立大泉高等学校・附属中学校に赴任し、言語文化と現代の国語を担当している。「楽しくて力の付く授業」を目指して授業デザインを行う。ICTの使用や外部との連携を通して、生徒が教室の外に目を向けられる授業を目標としている。

本文写真撮影：稲垣純也

CASE STUDY 2

グーグル教育ツールや電子出版で、さまざまなアウトプットに挑戦する

公立大学法人都留文科大学文学部国文学科教授 野中潤先生に聞く

都心から電車で約1時間半、山梨県都留市に位置する都留文科大学は、「グローバル×地域連携×教員養成力」を誇る「人間探求の大学」だ。1953年に県立の臨時教員養成所として発足し、短期大学、四年制大学を経て2009年に公立大学法人に移行した。学校教育、地域社会、国文、英文、比較文化、国際教育と6学科を擁する同大学には、教員や公務員を目指す学生たちが集う。

国語教育学、国語科教育法、国語教育研究を教える野中潤先生。現在は学部授業、大学院の授業とゼミを担当する

２０１６年４月に准教授として着任し、現在は教授として国語教育学、国語科教育法、国語教育研究を教えるのが、文学部国文科の野中潤先生だ。授業やゼミでは、ノートパソコンやグーグルのさまざまな教育ツールを駆使している。

着任するにあたって、野中先生は大学に依頼してアップルのタブレット「ｉＰａｄ（アイパッド）」とグーグルのノートパソコン「ＣｈｒｏｍｅＢｏｏｋ（クロームブック）」をいち早く導入してもらった。今後の学校教育に必須と考えたのだ。着任直後に担当した3年生のゼミでさっそくアイパッドを使い、ロイロのオンライン授業アプリ「ロイロノート・スクール」で学生に自己紹介カードを作ってもらった。

当時デジタル機器による授業は珍しく、学生も戸惑っていたという。野中先生は「皆が卒業して学校で教える頃には、デジタルツールが当たり前になる」と話して聞かせた。「その後学生たちから、『教育実習に行った学校で、プロジェクターを導入していた』『赴任先でロイロノートを使っていて驚いた。大学で学んでおいてよかった』という声が、いくつも寄せられました」。

アイパッドで教育ICTに開眼し、教育者コミュニティーに参加

野中先生とICTの出会いは約40年前に遡る。1980～1990年代はNECのワープロ専用機「文豪」、パソコンで当時最先端だったワープロソフト「一太郎」や表計算ソフトのエクセルなどを使っていたが、もっぱら職員室での利用で、学生と一緒にICTを活用することは視野に入れていなかった。

転機が訪れたのは2011年だ。先生が当時勤務していた横浜の聖光学院中学・高等学校で、総務省に入省した卒業生から「ビッグデータ収集の実証実験のため、アイパッドを使ってもらえないか」と依頼があった。自宅に届いたアイパッドを初めて手にした先生は、「これまでのパソコンとはまるで違う」と直感した。

この頃から、周囲でにわかにICTと教育に関するプロジェクトが動き出した。経済産業省に入省し教育改革を進めていた学院の卒業生が、ロイロノートの開発会社や、エドニティの教育向けSNSサービス「Ednity（エドニティ）」の開発者を紹介してくれた。

2014年、廃校寸前から2007年にV字回復した東京の広尾学園中学校・高等学校にヒアリングに行った野中先生は、衝撃を受けた。「学校のあちこちに『MacBook（マックブッ

ク)』やアイパッドを使っている生徒がいて、学会で発表するようなプレゼン資料を当たり前のように作っていたのです。これを聖光学院でもやったらすごいことになると思い、教育ICTにのめりこんでいきました」。

2015年、聖光学院にクロームブック導入が決定。グーグルのオンライン学習システム「Google Classroom(グーグルクラスルーム)」などの教育ツールを授業で使うようになった。

当時、教育者のコミュニティーづくりも盛んになっていた。「GEG(グーグル教育者グループ)」もその一つだ。「その頃GEGはいくつかありましたが、日本人コミュニティーはまだなかったのです」。同年11月、野中先生は日本のGEG第1号「GEG Kamakura」の立ち上げに参画。「鎌倉の古民家に全国から先生が集まり、ビールを飲みながら何時間も教育談義をしたものです」。

現在GEGは47都道府県全てにあり、全部で96となった。野中先生は、静岡県と山梨県在住在勤の教員が中心の「GEG Fuji」の共同リーダーとして活動している。

2010年に米国でスタートした教育関係者や学生の集い「Edcamp(エドキャンプ)」の日本版、「Edcamp Japan」にも関わった。「GEG Kamakura」立ち上げ翌年の2016年、仲間とともにクラウドファンディングで費用を捻出して鎌倉の瀟洒な施設を借り、全国から約80人の教育関係者が集結した。中には文部科学省の官僚もプライベートで参加していたという。「日本の教育を良くしていこうという熱意を持った人たちが集まり、熱気のある会になりました」と野中先生は当時を振り返る。同年12月には、野中ゼミのゼミ生が中心になり「Ｅｄｃａｍｐ Ｔｓｕｒｕ」を開催した。

２０１７年1月にデジタルハリウッド大学で開催した「Ｅｄｃａｍｐ Ｔｏｋｙｏ」では、新しい学校教育を考えるドキュメンタリー映画「Most Likely To Succeed」の上映会を行うなど、約１５０人が参加して賑わいを見せた。エドキャンプはコロナ禍で開催数が少なくなったが、今でも全国各地で開催されている。

ゼミではフィールドワークを交えて電子出版に挑戦

野中先生の授業やゼミでは、電子出版にも力を入れる。「国語教育におけるアウトプットの可能性を広げるのが目的です」と先生は語る。グーグルのプレゼンテーションツール「Ｇｏｏｇｌｅ Ｓｌｉｄｅｓ（グーグルスライド）」で編集した原稿をＰＤＦ版の電子ブックにしたり、グーグルのワープロ「Ｇｏｏｇｌｅ Ｄｏｃｕｍｅｎｔ（グーグルドキュメント）」で編集した原稿をリフロー版

（※注参照）の電子ブックにしたり、ロイロノートやデザインツール「Canva（キャンバ）」を使って表紙を仕上げたりした。2021年にスタートした3年生の授業では、学生が教育イベントのレポートや文芸作品を作り、ロマンサーで編集した「月刊のなぜミ」を発行した。

野中先生はフィールドワークも大事にする。2016年にはゼミ生も巻き込みクラウドファンディングで費用を集め、学生も全国の学校に同行し見聞を広めた。当時工学院大学附属中学校に在籍していた有山裕美子先生（第3章参照）からロマンサーを教えてもらったのもこの頃だ。

2021年7月にロマンサーで発行した「月刊のなぜミ」第2号。学生の教育レポートや随筆を掲載

同ゼミでは、学生自身がロマンサーで編集、発行を行う。「教員になってロマンサーを使うことを想定すると、編集も本人にやらせるべき」というのが野中先生の考えだ。「ただ、学生たちは中高時代に生徒としてロマンサーを使った経験がないので、生徒と教員の両方の立場を知ってもらうことが大事です」。

インタビューの日、野中ゼミ「国語教育学第2演習」を参観した。ゼミ生10人が先生を囲み、ノートパソコンでネットにつないで情報共有しながら参加する。

前期では、3チームに分かれて「キャンバを究める」「エドキャンプを開催する」「ロイロノートでワークショップを行う」というプロジェクトに挑戦。9月に始まった後期のテーマは、「夏休みの出来事を電子書籍にする」だ。後期最初のゼミでは、キャンバのテンプレート機能「インフォグラフィック」を使って夏休みの出来事を絵や写真、文章でプレゼンした。今回はこのデータを基に文章に肉付け

野中ゼミ「国語教育学第2演習」の風景。先生がファシリテートし、和気あいあいと参加するゼミ生たち

し、最終的にはロマンサーで電子書籍にして公開するのが目標だ。

ゼミの冒頭で野中先生が各地の学校での出前授業や視察の様子を共有したあとで、ゼミ生一人ひとりが原稿執筆の進捗状況を話していく。既に5000字ほど書いてきた人もいれば、まだ500字くらいという人も。日記、エッセイ、小説風とスタイルは皆さまざまだ。「ではこの時間を使って、書き進めていきましょう」と先生が言うと、ゼミ生たちはそれぞれグーグルドキュメントやワードで執筆を始める。

ゼミにはボイジャーのスタッフも参加させていただいた。ロマンサーの機能や使い方を説明したり、野中ゼミに入った理由を皆に聞いたりと、ゼミ生たちと交流する。野中先生と今後の電子図書館のあり方について語ったりするうちに、ゼミ時間は残り10分となった。

既にロマンサーでの原稿編集を終えたゼミ生もいた。題名や目次、小見出しも付いてエッセイ風の書籍の形になり、本を制作した達成感を味わう場面も見られた。

ゼミ冒頭で先生が話したように、出前授業や教員研究会、ロイロノート認定リーダーやGEGリーダーの会合など、野中先生は常に全国各地を駆け回っている。インターネットによる情報発信にも余念がない。「YouTube(ユーチューブ)」でロマンサーの使い方や国語教育に関する講演動画を公開したり、フェイスブックのグループ「ICTで国語授業を変える教育者の会」でもリーダーとして積極的に発言したりしている。

中にはICT導入がなかなか進まない学校も多く、校内でICTを推進する教員は一人か二人ということも多い。彼ら彼女らにとっては、教員同士のこうした交流会や勉強会が貴重なネットワークであり、情報源となるのだ。

子供たちの未来につながるICT教育を進めたい

教育現場へのICT導入について野中先生は「今後、ますます進んでいくことは間違いない」と断言する。中には「これまでのやり方を変えず、アナログ中心で授業をしたい」と考える教員もいるかもしれない。多くの企業と同様、定年退職を目前に「デジタルに関わらずに逃げ切りたい」と思う人もいるのではないか。そう問うと、「確かにそういう人もいますが、実はアナログ派は年配の人とも限りません」と先生は指摘する。「意外に手ごわいのが教職に就いて5〜10年の若手教師。チョーク・アンド・トーク（座学中心の一斉授業）で成功体験を積んでいて、自分の教育スタイルをなかなか変えられない人もいます」。

しかし、時代はデジタル化に向かって確実に進む。「デジタルかアナログか」という2択は意味がない、と先生は強調する。「デジタルとアナログのベストミックス」という表現も、「アナログ至上主義」を正当化するためのごまかしになってはいけない。「今の子供たちが生きていく未来は、電子決済をはじめデジタル化が当然の時代になります。どちらか選ぶのなら確実にデジタルにすべき。なぜならそれが、子供たちの未来につながるからです」と野中先生は断言する。「アナログは教員たちの安心・安全を守ってくれるかもしれない。でも、教員の安心と子供の未来の、どちらを選びますか」と先生は問いかける。

教育現場へのICT導入で作業の効率化ができるだけでなく、教え方や学び方が広がり、教育に変革が起きるとする考え方（SAMRモデル、※注参照）がある。例えばペンと紙の代わりにワープロやネットを利用することで、生徒がデータを共有しながら議論、推敲できるようになる。国語教育こそICTによる恩恵が大きいと野中先生は考える。「ICTのIとCはインフォメーションとコミュニケーションで、まさに国語です。テクノロジーが社会や世界、人間のあり方を変えていき、その根本となるのが国語だと思います」。

ICT導入には予算やインフラ整備などの課題もつきまとう。しかし「予算不足、ネット回線の弱さという現実はありますが、だからといってデジタルを導入しない理由にはなりません」と先生は強調する。「課題の多さをぼやくのではなく、大人が率先して解決していくべきです」。クラウドファンディングの実践も、先生のこうした思いの表れだ。「クラウドファンディングはお金をいただくわけですから、このプロジェクトに対してどれだけ本気なのか、こちらの覚悟が試されます」。

デジタルツールやネット利用に伴うリスクやトラブルについてもお聞きした。「確かにネット社会の危険やリスクはありますが、生きていれば失敗やトラブルには必ず直面する。リスクを避けているだけでは、物事を先延ばししているに過ぎません。小さな失敗や挫折を繰り返し、それを乗り越える努力を続けることが大事なのです」と野中先生は語る。

SNSによるいじめを苦にした小学生が自殺する事件があり、小学生のSNS利用を疑問視する声も上がった。しかし、これを理由にSNSを使わせないのはおかしい。SNSの利点と欠点の両方を理解したうえで、どうしたらうまく活用できるか考えることが必要だ。「重要なのは、小さな失敗をしたときに大人がしっかり寄り添ってあげること。子供たちが安心して失敗できる環境や社会をデザインし、失敗によるリスクを社会全体で最小化することが、私たち教える者の務めだと感じています」と野中先生は指摘する。

教育ICTを次世代にどのようにつないでいくか。先生の薫陶を受けたゼミ生たちが都留市から全国に羽ばたく姿を思い描きながら、野中先生はICT教育を推進していく。

PROFILE

公立大学法人都留文科大学文学部国文学科教授

野中 潤

1962年神奈川県生まれ。1985年東京学芸大学卒業、1988年同大学院修士課程修了。1988年4月から2016年3月まで、聖光学院中学・高等学校教諭。2016年4月都留文科大学准教授に着任、2018年4月から現職。中央大学大学院兼任講師や日本大学文理学部、駒沢女子大学人文学部非常勤講師も務める。日本文学協会運営委員、昭和文学会幹事、横光利一文学会 評議員・運営委員、現代文学史研究所 常任幹事・事務局長。GEG Fujiリーダー、Edcamp Japanメンバー、Google for Education認定イノベーター、Canva認定教育アンバサダー。主な著書に『ICTで変える国語授業』1~3（編著、明治図書出版）などがある。

本文写真撮影：皆木優子

CASE STUDY 3

こども園から大学まで「図書館中心の学校」コンセプトを進める

追手門学院大学国際教養学部教授　湯浅俊彦先生に聞く

京都、大阪から電車で約30分、茨木市に立地する追手門学院大学総持寺キャンパスは、日本でも珍しい「図書館を中心に設計された学校」だ。

ＪＲ総持寺駅から十数分歩くと、特徴的な三角形の大学棟「アカデミックアーク」が見えてくる。１階の多目的ホールの上、４階までの吹き抜けに空中に浮くようにつくられているのが「アラムナイライブラリー」だ。各フロアに本や雑誌が置かれ、グループワーク用のテーブルと椅子、勉強用スペース、立って作業ができるスタンドなどがあちこちに設置されてい

湯浅俊彦先生は附属図書館長を兼務し、学校法人追手門学院のこども園から大学までの図書館を管轄する

る。学生だけでなく市民にも開放されている多目的ホールで迎えてくださったのが、追手門学院大学国際教養学部教授の湯浅俊彦先生だ。

学校法人追手門学院は1888年、元薩摩藩士により大阪城追手門近くに創設された小学校が前身で、現在はこども園から大学まで有する一貫教育校だ。大阪府豊中市には幼保連携型認定こども園追手門学院幼稚園(こども園)、大阪市に追手門学院小学校があり、中学校・高等学校は大阪市と茨木市総持寺の2カ所。大学は、茨木市総持寺と同じく茨木市の安威にキャンパスを構える。

同学院の特徴は未就学児童から大学生まで教育の情報化を図っていることで、この教育ICTを図書館の立場で推進してきたのが湯浅先生である。2019年4月、新キャンパスのオープンと同時に着任したときから図書・情報メディア部長として、2022年4月からは附属図書館長として、追手門学院のこども園から大学までの図書館を管轄している。

こども園から大学まで一貫した教育ICTの推進

「ICTを活用した教育を実践するために、追手門学院では三つ取り組みを行っています」

と湯浅先生は語る。「一つ目は児童、生徒、学生の一人ひとりが私有する端末を持ち込むこと（ＢＹＯＤ、※注参照）、二つ目がこども園から大学まで同じ電子図書館サービスが利用できること、三つ目は独自の電子書籍を制作して『知の循環構造』をつくることです」。

追手門学院の教育ＩＣＴの現状を見ていこう。新型コロナウイルス感染症が拡大した２０２０年４月から、こども園では動画アプリを使って手洗いやダンスなどの動画配信を行った。幼稚園では、幼稚園教諭が制作したデジタル絵本の読み聞かせを、大画面の電子黒板を用いて行った。また幼稚園児も自らデジタル絵本を作って電子図書館に登録し、保護者も閲覧できるようにした。幼少の頃から、デジタルを活用して情報発信やコミュニケーションを行う素地がつくられているといえるだろう。

小学校３年生からはＢＹＯＤを実施し、マイクロソフトのタブレットＰＣ「Ｓｕｒｆａｃｅ Ｇｏ（サーフェスゴー）」、中学生はアップルの「ｉＰａｄ（アイパッド）」、高校生はサムスンのタブレットＰＣ「Ｇａｌａｘｙ Ｔａｂ Ｓ（ギャラクシータブエス）」、大学生は富士通のパソコン「ＬＩＦＥＢＯＯＫ（ライフブック）」を持参する。端末は貸与ではなく、各自が購入するシステムだ。

初等中等教育でも、オンライン会議システム「Ｚｏｏｍ（ズーム）」や「Ｇｏｏｇｌｅ Ｍｅｅｔ（グーグルミート）」による朝礼・終礼、面談、オンライン授業など、デジタル活用はかなり進んでいる。

湯浅先生は追手門学院大学に着任する1年前の２０１８年から、「学長アドバイザー」に就任し、電子図書館サービス導入のアドバイスなどさまざまな提案を行っていた。「以前、当大学図書館の蔵書数は少なく、理工系学部がないため所蔵分野も限られていました。学術情報の提供が十分だといえなかったので、キャンパス新設にあたり電子資料重視の方向に大きくシフトしました」。先生が行ってきたのは、まさに「大学図書館ＤＸ（デジタルトランスフォーメーション）や学校図書館ＤＸ」であり、単に紙の図書を電子図書に置き換えるだけでなく、授業で電子資料を使いこなす新しい学びの展開である。

湯浅先生による改革の一つに、「ディスカバリーサービス」導入が挙げられる。図書館の多様な情報を同じインターフェースで検索できる仕組みだ。先生はＩＣＴ活用型図書館サービスの実践的研究の一環として、２０１８年に公共図書館に呼びかけ、集まった11の図書館においてディスカバリーサービスの実証実験を実施。これにより、長崎市立図書館に、日本国内の公共図書館として初めてこのサービスを導入した実績があった。

通常、図書館では「オンライン閲覧目録」（ＯＰＡＣ、※注参照）を検索して館内の所蔵資料を利用するが、ディスカバリーサービスを導入すれば、所蔵していない外部のデータベースに搭載されている学会誌や「機関リポジトリ」（※注参照）や各社の新聞記事データベースの本文データまで探せるようになるので、レポートや論文の作成に利用できる。

一方、追手門学院大学総持寺キャンパスではアカデミックアークの中央部に浮かぶアラムナイライブラリーとは別に、1辺が130mに及ぶ巨大な三角形の建物の2階、3階、4階の廊下部分に「ディスカバリープロムナード」を設置した。2019年、湯浅先生が同校に着任後すぐに取り組んだのが、ディスカバリープロムナードに展示するコンテンツ作りだった。大学1年生の授業「新入生演習」で、電子図書のパネル展示用コンテンツを作る課題を与えた。「電子図書館で本を借りて読み、他の人が読みたくなるような紹介文を書いてもらいました」（湯浅先生）。

皆の紹介文をパネル展示し、最終的には全ての原稿をまとめてPDFにする。その際、学生が編者となって「あとがき」を書いてもらい、表紙と奥付を付けて電子図書化した。2020年度からは、電子図書の紹介文を書いて感じたことをクラス内でディスカッションし、他の学生が書いた紹介文に対するコメントを全ての学生に書いてもらった。

作成後は学内の電子図書館サービス「Ｌｉｂｒａｒｉ Ｅ（ライブラリエ）」に登録、公開し、誰でも見られるようにする。「学生一人ひとりが『編集者』として本を作る体験を通じて、日本語表現やレポートの書き方を学べました」と湯浅先生は振り返る。

ロマンサークラスルームで主体的に書き、気づきを得る

こうした授業を進める一方で、湯浅先生は制作物をPDFで公開することへの疑問も感じていた。読書アクセシビリティーの問題だ。「PDFファイルの中には音声読み上げができないものがあるため、例えば視覚障害などのある利用者が聴くことができないのです」。そんなとき、ロマンサークラスルームとの出会いがあった。「2020年9月、ボイジャーに依頼して、追手門学院大学でロマンサークラスルームの説明をしてもらいました」。湯浅先生は以前から同社と共同で、音声読み上げ機能付き電子書籍貸出サービスを開発していたのだ。

そしてこれを機に、2021年にロマンサークラスルームを導入。大学1年生の「日本語ワークショップ」の受講生に書評を執筆してもらい、『本を紹介する本―追手門学院大学国際日本学科「日本語ワークショップ」Jクラス』を初めてリフロー型（※注参照）の電子書籍で制作し、ライブラリエに登録、公開した。これが、電子書籍の標準フォーマット「EPUB 3」（※注参照）」で制作した初めての電子書籍となった。

ロマンサークラスルームは、その後大学2年生のゼミ論文執筆に活用することになった。ゼミ生はまず自身のゼミ発表を行い、マイクロソフトのプレゼンテーションツール「PowerPoint

（パワーポイント）」のデータを基にアウトライン表示によりワードの文書に変換して、論文のスタイルに加筆していく。その後、このワード原稿をロマンサークラスルームでEPUB 3に電子書籍化し、1人1冊のこの電子書籍を途中段階のままプロジェクターに映してゼミ内で発表し、質疑応答やディスカッションを行う。最後に序論や本文を書き足して書籍を仮に完成させ、学内の電子図書館に「学内限定」や「クラス内限定」の形で登録する流れだ。

「通常のゼミでは学生が文献を読んで順に発表しますが、書くところまでは至りません。しかしロマンサークラスルームを使えば自分で書くことから始めるので、先行研究に対して自分の論文には何が足りないか、フィールドワークによる調査が必要であると気づくことができます」。論文を本の形にして皆で共有し、ディスカッションすることでさらにブラッシュアップできる。それを可能にするのがロマンサークラスルームなのだ。

「『読む』から『書く』へ」を実現でき、論文作成のプロセスを大事にするゼミといえるだろう。「ロマンサークラスルームとの出会いは画期的だった」と湯浅先生は振り返る。フィックス型（※注参照）のPDFによる電子書籍ではなく、リフロー型で、本文検索も音声読み上げも可能な電子書籍であることが、読書アクセシビリティーを保障する環境を重視する学校図書館や大学図書館にとって必須だと先生は考える。

デジタル導入は今までの教育の進め方を大きく変えた。「授業の形も大きく変わりました。今では児童、生徒、学生主体のグループワークを重視しています。つまり、先生はファシリテーターという役割です。さまざまな授業では皆が積極的に発言するので、誰が先生で誰が生徒か分からない『めだかの学校』状態です」と湯浅先生は微笑む。

「追手門学院小学校3年生の社会科で地域について学習する単元があるのですが、『わたしたちの大阪』という副読本を出版社の許諾を得て、社会科の先生と共同でデジタルアーカイブ化しました。大阪市の消防署への取材をテーマにした模擬授業では、まず消防署が提供する小学生向けのインターネット情報資源などを教員がデジタル副読本にリンキングさせ、児童がグループごとにそれを使ってディスカッションします。こうして実際に消防署にインタビューに行く前に、何を質問するかをまとめ上げ、グループごとに発表しました。この模擬授業には、大阪市教育委員会の方も参観し、一般にも動画公開しました。担当教員はかなりの時間をかけて周到に準備していますが、授業当日に先生がやることといえば、当日のテーマを伝え、時間配分を決め、発表の司会をして生徒の学びを支援することでした」。

書店員時代から情報発信、教鞭を取るようになるまで

図書館改革を進めてきた湯浅先生のキャリアのスタートは、書店の営業員だ。本好きが高じて1978年に旭屋書店に入社、外商部に勤務しながら出版業界紙・誌などで連載記事を持つようになった。現在40点ある著書のうち『書店論ノート』(新文化通信社、1990年)、『「言葉狩り」と出版の自由』(明石書店、1994年)、『日本の出版流通における書誌情報・物流情報のデジタル化とその歴史的意義』(ポット出版、2007年)など書店員時代に単著4点、共著10点の著書を刊行するなど情報発信を続けていた。

こうした活動を進める中、アカデミックなトレーニングを受けるため2004年4月に大阪市立大学大学院に社会人入学。出版流通に関する論文提出とともに予定より早い1年間で修士課程を修了し、翌2005年4月に博士課程に入学、2007年3月に修了し、博士(創造都市)の学位を取得する。2007年4月、夙川学院短期大学児童教育学科に司書課程の特任准教授として着任した。

湯浅先生が本格的にICTを教育に取り入れ始めたのは、2011年に文学部准教授として着任し、2012年に教授となった立命館大学からだ。大学における電子学術書普及

を目指し、慶應義塾大学メディアセンターと共同で２０１３年４月から電子学術書実証実験を開始した。ゼミ生にアイパッドを提供し、電子化された自著テキスト『電子出版学入門 改訂３版』を使って授業を行った。２０１３年10月からは「８大学図書館電子学術書共同利用実験」として約１０００点の電子書籍を提供する試みへと発展し、２０１４年11月からは紙の図書の発売とほぼ同時に電子学術書を刊行する「新刊ハイブリッドモデル」の目録ができるまでに至っている。

２０１３年度の大学３年生のゼミでは学生が前期で発表、後期で論文を執筆し、その内容を湯浅先生がまとめたものを書籍『デジタル環境下における出版ビジネスと図書館―ドキュメント「立命館大学文学部湯浅ゼミ」』として、２０１４年に出版メディアパルから発行した。

この後２０１４年度の３年生ゼミでは『電子出版と電子図書館の最前線を創り出す―立命館大学文学部湯浅ゼミの挑戦』として同じく出版メディアパルから２０１５年に発行。「ゼミ生を主役にした本を作りたかった」という湯浅先生は、１０００部刷った書籍のうち５００部を書店ルートで実際に販売し、大学が買い取った５００部は出版や図書館関係者に配布した。

このように紙媒体として発行したコンテンツは必ず電子化して公開し、ゼミの内容を伝える書籍と電子書籍の発行を6年間続けた。「紙の書籍は、発行直後は注目されても、その後埋もれてしまうことがあります。記録として残すためには電子化することが重要です」と先生は強調する。

立命館大学文学部では『学びの立命館モデル具体化検討委員会　教育のＩＣＴ活用部会報告書』（２０１４年12月）に電子書籍を活用した湯浅ゼミの事例が取り上げられるなど、同大学でのＩＣＴ教育は大きく進んだといえる。しかし「残念ながら、全学生一人ひとりが

『デジタル環境下における出版ビジネスと図書館―ドキュメント「立命館大学文学部湯浅ゼミ」』（出版メディアパル）。写真は2014年発行のもの

端末を使う授業は行えませんでした」と湯浅先生は振り返る。「当時3万人を超える学生を有していた同大学では致し方なかったと思います。規模の小さい追手門学院大学だからこそ、1人1台を実現できたといえるでしょう」。

その後、湯浅先生が追手門学院の図書館を管轄するようになってから、立命館小学校の司書教諭が追手門学院小学校に見学に訪れ、朝の読書活動に電子図書を活用している事例などを見て、電子図書館サービスを導入した。ちょうど2020年、新型コロナウイルス感染症拡大による学校図書館の休館時にも貸出サービスが実施でき、喜ばれたという。

図書館「アラムナイライブラリー」が主役の大学

取材後、アラムナイライブラリーを案内してもらった。普通の大学では研究棟、事務棟、図書館といったように建物が分かれているが、追手門大学ではアカデミックアーク1棟が大学棟となっているのが特徴だ。

冒頭でも触れたように、アカデミックアークの1階には多目的に使える「WIL HALL（ウィルホール）」と「WIL Studio（ウィルスタジオ）」がある。建物に入ると、学生はウィルホールで自身のPCを開いて自習したり、ウィルスタジオで授業を受けたりできる（WIL とはWork Is Learning の意）。

2階から4階までがアラムナイライブラリーだ。自習用、グループワーク用などさまざまな

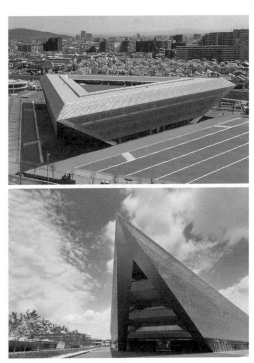

三角形の建物が印象深いアカデミックアーク

スタイルの机や椅子が配置されているが、周囲は全て書架になっており「学生が座るところには、どこにでも本があるという構造になっています」（湯浅先生）。まさに、図書館が主役の大学といえる。大学キャンパスと同じ敷地にある追手門学院中高等学校も1階のエントラン

書架に囲まれたアラムナイライブラリーの館内

スから廊下部分に書架があり、こちらも学校全体が図書館のような学び舎になっている。

教育ＩＣＴの導入で、教えや学びに新たな地平が見えてきた。「デジタル教育を進めていくことで、若い人たちの考え方やリーダーシップの在り方も変わってきたと思います」と先生は語る。オンライン会議やリモートワークなどを早期から導入していた追手門学院は、コロナ禍の際にも素早い対応ができた。「２０２０年４月７日に緊急事態宣言が発出されました。文部科学省の『新型コロナウイルス感染症対策に関する大学等の対応状況について』（２０２０年４月23日）によると、９割の大学で授業ができていませんでしたが、追手門では４月７日より予定通りオンライン授業を実施できました」（湯浅先生）。

議論に終始しスピーディーさに欠ける日本のＩＣＴ化

早くからＩＣＴ化を推進してきた追手門学院だが、課題も残る。同大学は２０２５年に茨木安威キャンパスを茨木総持寺キャンパスに統合する予定で工事を進めているが、移転に関する会議で「安威キャンパスにある蔵書をどうやって収容するか。アラムナイライブラリーの書架に入りきるのか」という質問が出ることもあるという。「電子図書館へとデジタルシフトし、できるだけモノを持たない仕組みづくりを進めてきたのに、いまだにこのような発想になってしまう」と湯浅先生は警鐘を鳴らす。「私たちは、今このライブラリーにある電子資料をいかに授業で有効に使って、学生たちが新たな知見を生み出していくかということに取り組んでいかないといけないのです」。

日本全体の問題として湯浅先生が懸念するのはICT化の遅さだ。「コロナ禍以前から、諸外国ではネットワーク整備やオンライン化推進を積極的に行い、教育の在り方を一新しました。一方、日本政府は2008年頃から内閣府知的財産戦略本部の『知的財産推進計画』などで1人1台のデバイスと電子書籍化を目標に掲げてきたが、スピーディーさに欠けることが多いと感じます」と湯浅先生は指摘する。

喫緊の課題に読書アクセシビリティーに関する問題もある。視覚障害者など紙媒体での読書が困難な人たちへの合理的配慮として、全ての文書が音声読み上げ可能になることが望まれるが、官公庁や公共機関など行政資料のアクセシビリティー対応は遅々として進まない。行政資料をアクセシブルな電子図書化するなど、図書館の新たな機能と役割を構築する必要がある。「完璧なシステムができあがるまで導入しないようでは、現在困っている人々が恩恵を受けられません。ICT技術というのは、いち早く取り入れて使いながら改善していくことが大事です」。

デジタル・ネットワーク社会における出版と図書館の可能性を切り拓くため、湯浅先生は今日も奔走する。

本文写真撮影：行友重治（66、67ページの写真4点を除く）

PROFILE

追手門学院大学 国際教養学部国際日本学科教授、附属図書館長

湯浅俊彦

1955年生まれ。1978年旭屋書店に入社し、外商部員として勤務。2005年、大阪市立大学創造都市研究科修士課程（都市情報学）修了。2007年大阪市立大学都市研究科都市情報環境研究領域博士課程修了。博士（創造都市）。2007年夙川短期大学児童教育学科特任准教授に就任。2011年立命館大学文学部准教授、2012年文学部教授。2019年4月より現職。専門分野は図書館情報学、出版学。著書に『電子出版学概論』（単著、出版メディアパル、2020年）など、共著を含め40点がある。

第3章　どうなる？　これからのデジタル出版

デジタル出版で市場や教育現場はどう変わるか

第2章では、ボイジャーのデジタル出版ツール「Romancer（ロマンサー）」やロマンサークラスルームを導入している学校を紹介した。この第3章では、デジタル出版や電子図書館に造詣の深いお二人の先生にお話を伺っていく。

まずは、専修大学文学部教授の植村八潮先生。ジャーナリズム学科で教鞭をとる先生の専門分野は出版学とコミュニケーション学で、早期から日本の電子書籍の研究に携わり、その普及と標準化を積極的に推進してきた。

インタビューでは、取材力や読解力を養う植村ゼミの紹介から、デジタル出版のあるべき未来に至るまで、縦横無尽に語っていただいた。

学生には「紙とデジタルの二刀流」を極めてほしいと語る植村先生は、デジタル時代だからこそ文字によるコミュニケーション能力が重要、と強調する。ロマンサーによるデジタル出版を通じて、こうしたスキル向上の可能性にも期待をかける。「ロマンサーの市場はブルーオーシャン」と指摘する植村先生に、その趣旨をお聞きしてみよう。

インタビュー二人目は、２０２３年４月、滋賀文教短期大学に国文学科講師として着任した有山裕美子先生だ。先生は小学校から高校までさまざまな教育現場での指導を通じて、デジタル出版や電子図書館を活用したＩＣＴ教育をアクティブに推進してきた。

常に生徒の目線に立ち、その主体性を重視した授業を行う中で、読む力や書く力を高めていくことを心がけている有山先生。「使う人の独創性や創造力を育ててくれるロマンサーを、多くの人に使ってほしい」と熱く語る。

ロマンサーのエバンジェリストともいうべき先生に、その情熱の源や実際の授業風景についてお話を聞いていく。

INTERVIEW 1

「デジタルファースト」時代の出版は見せ方や読み方が問われるようになる

専修大学文学部教授　植村八潮先生に聞く

「初めにデジタルで読む」読者が増えてきた

――先生の授業で、学生に「何をもって読書と考えるか」を聞いていたのが印象的でした。新聞や漫画、電子書籍を読むのは読書なのか、をアンケートしていました。

植村八潮先生（以下、植村）　まず「電子書籍を読むのは読書か」ですが、これまで多くの人が「紙の本をひもとくことが読書である」と考えてきました。

僕は30年前から電子書籍の重要性を指摘してきましたが、長い間ずっと「アウェイ」な状態でしたね。書協（日本書籍出版協会）の会議で「今後は電子書籍の読書に取り組むべきだ」と発言したら「電子書籍を読むのは読書ではない」と注意されたり、読書アドバイザーの講習で「今日は電子書籍がテーマですが、サボって帰りたい人」と聞くとほとんどの参加者が手を挙げたり、ということもありました（笑）。

2010年が「電子書籍元年」と言われましたが、その頃の電子書籍は「紙の電子化」に過ぎなかった。デジタル化された新聞や雑誌をディスプレイで読む読者は、画面の向こう側に「新聞紙面や雑誌のページ」を見ていました。コンテンツのリテラシー（読み方）は、紙の媒体によって担保されていたのです。僕はこの時代を「電子書籍1・0」と呼んでいます。

しかしここ3年くらいで、読書の概念が広がってきたと感じます。捉え方によって、何を読書だと言ってもいいのだ、と。

世代による違いを意識したのは、2016年に学校図書館で電子書籍を活用する実証研究を行ったことです。明らかになったのは、高校生より小学生の方が電子書籍を読みたがっていることでした。

専修大学文学部教授の植村八潮先生。ジャーナリズム学科で出版学、コミュニケーション学を教える

――若い世代は、デジタルによる読書が中心になっているのですね。

植村　年齢が下がるにつれ、紙とデジタルの区別をつけずにどちらも読む人が増えています。最近ではコンテンツが生まれる流れが変わり、デジタルファースト、つまり先にデジタルで流通するコンテンツが増えてきました。タブレットやスマホ（スマートフォン）など、文章を読む端末も進化してきています。

全国学校図書館協議会がこの数十年、毎年5月に「学校図書館調査」を行っています。小、中、高校生の読書率を調べるもので、この調査では「1カ月に本を1冊も読まない人」を「不読者」と定義していました。小学生は「不読者率」が低く、中学生、高校生……と年齢が高くなるに従って本を読まない人が増える傾向にあります。

先の調査で面白い結果が出ました。このとき、「小説家になろう」（通称「なろう」、※注参照）という小説投稿サイトを読んでいるかどうかを聞く質問を追加したのです。すると、「なろう」サイトを読んでいる人の2割が、1カ月に1冊も本を読んでいない「不読者」であることがクロス集計で分かりました。

しかし、紙の本を読まないからといって、ウェブサイトで小説を読む人を「不読者」と呼んでいいのだろうか。「なろう」を読む人たちは、僕らが知らなかった「新しい読者」なのではないか。「こういう人を読者と認めなければ、読書の未来はない」と研究報告書で結論付けました。この調査結果を基に関係者方面に働きかけたことで、2018年3月に文部科学省から公表された「子供の読書活動の推進に関する基本的な計画」では、読書の対象に「電子書籍等の情報通信技術を活用した読書も含む」と明記されました。

――住野よるさんの『君の膵臓をたべたい』（双葉社、通称「きみすい」）も、最初は「なろう」サイトに投稿された小説でしたね。ただ、多くの人に認められたのは、本や映画になってからでした。

植村　「きみすい」を知っていても、「なろう」を知らない人は多かったですね。しかしこれからはデジタルファーストが増え、紙のない電子書籍を読書活動に含めなければいけない時代になってきています。こうしたコンテンツが生まれる時代を僕は「電子書籍2・0」と呼んでいます。新しいメディアやコンテンツは、若い人たちから普及してきます。

出版不況と言われて25年以上経ちますが、古くからの書籍出版社や新聞社は紙をベースとしていてあまり様変わりしていない。むしろコミック系など、これまで紙と縁のなかったデジタルメディアのプレーヤーが大成功を収めています。デジタルも含めたパブリッシング業界は、実は活況なのです。

幼児からスマホで映像に親しむデジタル世代

――子供の読書に関してはいかがですか。小さい子には、デジタルでなく紙の絵本を読ませたいと考える親が多いように感じます。

植村　そうはいっても、今は幼児もスマホを見ていますよ。「スマホ育児」といって、親もスマホで動画を見せたりしています。

古い話になりますが、80年代に家庭用ビデオが普及した頃に行った調査で、3歳の幼児がビデオを自分で操作してアニメを見ていることが分かりました。これは、一人で絵本を読めるようになるより早い年齢です。幼児が主体的に、紙でなく映像によって情報を得る時代になっていたのです。当時の幼児はいわゆるファミコン世代、デジタルネイティブ第一世代ですね。

2016年の調査の際も「子供のスマホ利用は禁止」という声がありましたが、実際には子供のスマホリテラシーは大人より高いくらいです。スマホを禁止するのではなく、むしろ良質なコンテンツをスマホで読めるようにしていくことが大事です。学校図書館に対しても、「これからは紙の本にこだわらず、電子書籍を重視すべき」と強調しました。

学校図書館に求められることも変わってきています。文部科学省が2011年に「教育の情報化ビジョン」で、「多様なメディアを活用した学習・情報センターとしての学校図書館の機能」を強化していくこととしています。それが現場に浸透するのに10年以上を要しました。

——デジタル出版の流れは、これからの学校教育にも影響するでしょうか。

植村　学校教育に関しては、変化が起きるのにはまだ時間がかかります。歴史のあるメディアがなかなか変われないように、長いスパンの中で形作られてきた学校教育の変革は難しいと思います。デジタルで教育の全てをひっくり返すのではなく、「紙とデジタル」の良さを合わせた「二刀流」でいくことになります。

教科書にしても、現在の検定制度では従来の紙の教科書をベースに作るしかありません。例えばデジタル教科書に音や動画を入れられないので、副教材で対応しています。今後見直す予定ですが、現段階ではしかたない。制度設計を変えるには時間を要します。必ず反対勢力が生まれますから。

——デジタル教科書の反対勢力はどこでしょうか。

植村　意外かもしれませんが、一つは書店です。これには少し説明が必要です。学校教育法により、小中高校などの教科書については教科書検定制度が採用されていて、検定合格した教科書を主たる教材とすることが義務付けられています。また義務教育の教科書は、無償給与されています。先ほどの制度とはこのことです。

このこともあって、全国の小中高校に教科書を届けるのは表向きは書店ではなく、各県ごとにある教科書供給会社を通して、取次供給所が学校へ届ける独自の供給システムが作り上げられています。しかし実際には、教科書供給会社は各県の有力書店が独占し、取次供給所も地元書店です。書店は教科書の配布とともに辞書や副教材を販売することができました。また、学校図書館へ図書の納入も行っています。デジタル教科書が普及すると、これらの売り上げが失われることを心配したのでしょう。

イノベーションにプレーヤーの交替はつきものですが、古い世代が社会を仕切っている間は、教育現場でのデジタル出版はなかなか進まないかもしれません。

取材を通して「読む、聞く、書く」を学ぶ植村ゼミ

――先生のゼミでは、出版やジャーナリズムに関してどんな課題を行っているのですか。

植村　一つ目は2年生と3年生に課している「夏プロ（夏プロジェクト）」で、「出版とジャーナリズムに関する先輩の取材記事を書く」という課題です。取材相手を決めてアポを取り、インタビューして原稿を執筆します。書いた原稿は学生が互いに読んで評価し、1点から5点までで採点します。

――先生ではなく、学生さんが採点するのですね。評価のポイントは何ですか。

植村　文章のうまさに加えて、取材相手の「人となり」が原稿からどれだけ伝わってきたかを評価してもらいます。最初のつかみがうまくて最後まで一気に読ませるような原稿は、高得点になります。興味深いことに4点、5点の高得点は同じ人の原稿に集中し、それ以外は0点、1点と評価が大きく分かれます。「いい原稿は皆が評価する」ということですね。

取材先は「ジャーナリズムに関する先輩」であれば誰でもよいのですが、大手企業の社員の話は実は凡庸でつまらないことも多いのです。それよりも、小さな出版社で倒産を経験しながら苦労した人の話がすごく面白かったりする。インタビューでは相手の仕事内容をただ聞いてくるのではなく、本人がその仕事の中で何を得たか、学んだかを聞き出すことが大切です。

――取材相手の人選が重要になりますね。

植村　そうですね。いかに興味深い話をしてくれる人を見つけるか。ただ、取材依頼を断られることもあるので、ハードルも高いです。「取材相手がなかなか決まりません」と泣きついてくる学生もいますが、アポ取りからが課題なので、僕は手助けしません。

取材依頼のメールを書くときに、自分の情熱をどれだけ伝えられるかがポイントです。取材相手に「この学生に会ってみたい」と思わせることができればしめたものです。

インタビューの仕方も重要です。ある学生は、事前に準備した質問を順番に聞いていたら、相手に注意されました。「僕が話のネタをどんどん広げているのに、なぜ用意してきた質問しかしないのか。僕の話を聞いていないのか」とね。相手の発言に合わせてこちらの質問も変えていくことも必要で、相手の話をどれだけ引き出せるかが重要なのです。

こうして書いた原稿を学生が投票して順位を決めて、皆の前で発表します。2年生でビリだった学生が巻き返しを図って、3年のときに1位になったこともありました。

――人選と取材の要領をつかんだのですね。学生の頃にこうした経験ができるのは素晴らしいです。

植村　一人の学生は、ある報道写真家にどうしても会って話をしたい、とカンボジアまで取材に行ってきました。「夏プロ」は、自分が会いたいと思う人の話を聞くいいチャンスにもなります。

新書を読んで「読書筋力」をつける

植村　もう一つ、うちのゼミでやる課題は「新書祭り」です。1週間に1冊新書を選んで読み、400字のレポートを書いて毎週火曜に提出してもらい、これを30週続ける課題です。「1回でも締め切りを過ぎたら、単位をやらない」と脅しています（笑）。

最近の大学生は、ライトノベルはけっこう読んでいても新書は読んでいません。同僚の教員は、学生から「新書って、いつまで出た本のことですか」と聞かれたと嘆いていました。「新刊」と勘違いしていて、新書を知らないのです。そこで、とにかく強制的に新書

を読んでもらう。最初は慣れなくて時間がかかりますが、20冊くらい読み続けると読む速度も速くなってきます。

――運動の基礎練習と同じですね。

植村　そうです。野球部で「グラウンド10週」を最初は泣く泣くやらされても、繰り返すうちに基礎体力が付く。体力が付いて運動能力が一定レベルに上がると、面白くなってきます。同じように、新書を読み続けることで「読書筋力」が付くのです。最後に、選んだ新書の振り返りもさせると、自分が本を選ぶときの傾向も見えてきます。

読書に関するあるシンポジウムで「どうしたら学生が本を読むようになるのか」と聞かれたとき、「とにかく強制的にいっぱい読ませること」と答えました。読書の効用をいくら話したところで、読まない人は読まないものですから。

――ちなみに「新書祭り」で読むのは紙の本ですか。

植村　紙の新書です。古本屋でもよいので、自分で選んで買ってくることが大事です。本には線やマーカーを引いてもいいと思います。あとになって「あの本は何だっけ」というときに、思い出せる体験になります。

今の若者はデジタルコンテンツに触れる機会は多いのですが、紙の本を読んできていないので、とにかく紙で読んでもらう。社会における圧倒的な共有知識は紙の本から生み出されています。「紙の本を読むスキル」が上がってきたら、電子書籍に移行していけばよいのです。紙とデジタルの二刀流に育ってもらいます。

――先ほどの、「出版業界を支えるのは読者」というお話は心を打たれました。

植村　作家の塩野七生さんがローマ帝国興亡の歴史を描いた『ローマ人の物語』について、こう話していました。「1992年にシリーズにとりかかった際、取材費や資料代が非常にかかった。読者に受け入れてもらえるか不安なまま執筆していたが、ありがたいことに第1巻が好評で、2006年に全15巻で完結するまで書き続けられた。『ローマ人の物語』シリーズを支えてくれたのは読者であり、15巻分の感謝とお礼を読者の皆さんに伝えたい」と。

もう一つ、作家と印税についてよく話すのは、僕が初めて自分の意思で買った本、アーネスト・ヘミングウェイの『老人と海』に関する話です。

僕の父は本好きで、家には明治以降の近代文学がそろっていたのですが、全て日本文学だったので、僕も海外文学はまったく読んでいなかった。中学1年のとき、世界史の先生が「海外文学を読むべきだ」と『老人と海』について熱心に語ったのを聞いて興味を持ち、帰宅途中の本屋で購入しました。これが、僕が本を自分の意思で自分のお金で買った最初の経験です。

ただ、父が日本文学しか読まなかったので、海外文学を買ったと話すと怒られそうで恐る恐る告白すると、意外にもとても喜び、こう話してくれました。「かつて芸術は、資金援助をするパトロンによって育てられてきた。今は、本を買うことで作家に印税が入る。読者の投資が作家の創作活動を支えるのだ。お前はその本を買って、ヘミングウェイのパトロンになったんだよ」と。

これを聞いたときの、誇らしい気持ちは忘れられません。だから僕は海賊版を絶対に許さないし、学生にこう話しています。「本を買うことで、作家が作品を生み出すことに関わっていることに誇りを持ちなさい」と。

作品や表現の自由を、僕たち読者が支えているのです。図書館にある膨大な数の本は、僕らが本を購入することで生み出されている。出版文化に国家のお金が関わっていないことを誇りに思うべきなのだ、と。ちゃんと購入して読んで、その上で批判もしなさいと教えています。

重要なのはコンテンツの信頼性を高めること

――先生はかなり早い段階から、デジタル出版の可能性を追求してこられました。

植村　1978年に東京電機大学出版局に勤務し、1983年には電子書籍に興味を持っていました。まだCD-ROMが世に出る前でしたが、このお皿の中に膨大な文字情報が収まって流通したら、世の中が大きく変わるだろうと考えていました。500年以上、文字は紙の上にとどまっていましたからね。

1986年に電大出版で、音声付き英語辞書のCD-ROMを制作して商品化したこともあります。当時NECのPC-9801というパソコン用に開発しました。本格的に音声を扱った初のコンテンツで、展示会などで話題になりましたが残念ながらまったく売れませんでしたね。

それ以来個人的にデジタル出版の研究や講演を行ったり、電子書籍のプラットフォームについて総務省や経済産業省と一緒に検討したりしていましたが、誰も見向きもしない時代でした。ボイジャーもこの頃から、いち早くデジタル出版に取り組んでいましたね。

——デジタル出版の時代に重要なのは、どんなことでしょうか。

植村　「電子書籍2・0」の時代に重要になるのは、最初に話したようにデジタルコンテンツの信頼性です。これを誰が担保するのか、意図的に推進していかなければいけません。

僕が学生にいつも話しているのは、「今の世の中は、20年、30年前とは全然違う様相をしている。皆が生まれたときには、Facebook（フェイスブック）もなかった。これからの10年も今とはまったく違った世界になっているだろう」ということです。

ニューヨーク市立大学大学院センター教授のキャシー・デビッドソンさんは2011年に「今年小学校に入学した子どもたちの65％は、大学卒業後、今は存在していない職業に就くだろう」と発言しています。このときの小学生が、今年大学に入学してきます。現に今では、人気職業の一つが「ユーチューバー」ですからね。学生たちが社会に出て10数年もして職業が変わっていく時代に、必要とされるのはすぐに陳腐化するスキルではなく、考える力です。

——大学で必要とされる教育も変わっていきますか。

植村　以前より実務教育が重視されるようになります。これまでは、大学では一般教養を教えることに注力し、実務教育は企業に入社してから研修などで行ってきました。しかし今では人材をゆっくり育成している時間はなく、即戦力が重視されています。大学で教える英語は実務英語が中心になり、国語も契約書の書き方などが重視されるようになってきています。すぐに使えるスキル教育ですね。こうした中で「文学は必要ない」という意見も出てきている。

しかし僕は、これからの時代は文学がとても重要だと考えています。文学は「変革に気づける学問」です。文学を学ぶことで、読む力、考える力、コミュニケーション能力が育ちます。長い目で見たときに、変化に耐えるスキルを身に付けることができるのが文学だと思います。

――先生の授業で「数学は回答が一つだけだが、これからの時代は環境問題や社会問題のように、最善解が見えないものに答えを出さなければならない」という話がありました。

植村　まさにそれに答えられるのが文学であり、文字によるコミュニケーション能力なのです。幅広い知識を持って問題を見つけ解決することが求められます。

またコミュニケーション能力は「異論と戦う力」です。ときには自分以外の全員が反対する中でも、自分が正しいことを主張して説得できる力です。今の若者たちは「周囲の空気を読みすぎる」傾向にあります。

デジタル出版の課題は見せ方とマネタイズ

――あらためて、デジタル出版の展望を教えてください。

植村　冒頭の「何をもって読書と言うか」というテーマに関していえば、テキストを読むだけが読書ではない、という見方もあります。

例えば音楽家にとっては五線譜を読んで演奏するのも読書といえます。ある人にとっては、地図や時刻表を読むのも読書です。鉄道好きの人が、ローカル線の時刻表を見ていると日本海の寒々とした風景が見えてくると話していました。

何かを読むことで想像力をかき立てられ、物語の世界に没入できるのが、その人にとっての読書なのだと思います。

これからは読書の形も多様になり、作品によって紙とデジタルとの相性も違ってくると思います。

例えば作家が小説を書く手法はいくつかあります。一つは、「登場人物が決まると物語を動かしてくれる」タイプで、村上春樹さんがそうだといわれています。神様が作家に憑依して自動手記のように書いていくのでしょうね。書き終わるとても消耗するそうです。

一方で、最初にシナリオを決めて「箱書き」する作家もいます。東野圭吾さんはこのタイプで「このページで読者を騙そう」とか「このページでどんでん返しをしよう」と尺まで決めて書き始め、最後まで変更しない。東野さんは「ページを開いた読者が『あっ』という声が聞こえてくる」と語っていますが、こうした作品はパッケージになったコンテンツとして紙で読んだ方がいいと思います。

――ページを開いて驚きや発見があるのは、レイアウトが定着したコンテンツならではですね。

植村　マンガは見開きで展開しますが、ギャグマンガのオチはページをめくらないと読めません。

メディアやパッケージによってコンテンツを変えることもあります。例えば新聞記事も、紙の場合とネットに掲載する場合で見出しを変えますよね。パッケージが変われば、コンテンツもおのずと変えないと読まれなくなります。デジタル出版の時代には、新聞、雑誌、書籍の区別もなくなっていく。ディスプレイやスマホ画面で、いかに読者にコンテンツを読ませるかが重要になってきます。

紙とデジタルの順序も変わってきます。「電子書籍1・0」の時代は紙のコンテンツを電子化しましたが、いまや若者向け雑誌は、ウェブサイトやスマホで配信したコンテンツの中でヒットしたものを紙の雑誌にまとめて不定期に発行したりしています。

——デジタル出版に課題はありますか。

植村　先ほども話しましたが、デジタルファーストの作品に、誰がどうやって信頼性を付与するかがこれからのテーマです。

もう一つはマネタイズですね。「なろう」サイトもそうですが、これまでは紙として出版しないとお金にならない、という移行期でもあります。作家の藤井太洋さんがKDP（アマゾンのセルフ出版サービス）でデビューしましたが、1作目の後は紙の本を主体にしています。紙の本の作家になる入口として、ウェブサイトを活用したわけです。

とはいえ、デジタル出版はこれからもどんどん進みます。ボイジャーのロマンサーも市場の伸びしろが大きいと思いますよ。まさにブルーオーシャンが広がっています。デジタル出版が進む中、これからますます飛躍していってほしいですね。

P R O F I L E

専修大学文学部教授

植村八潮

1980年に東京電機大学工学部を卒業し、東京経済大学大学院博士課程修了。東京電機大学出版局勤務、同局長を経て、2012年に専修大学文学部教授に就任。同年から2014年まで出版デジタル機構代表取締役、会長を務める。専門分野は出版学とコミュニケーション学で、日本の電子書籍の研究、普及、標準化に長らく携わってきた。近著に『図書館のアクセシビリティ：「合理的配慮」の提供に向けて』（樹村房、編著）、『ポストデジタル時代の公共図書館』（勉誠出版、共編著）などがある。

本文写真撮影：皆木優子

INTERVIEW 2

デジタル出版を通じて互いに交流し「書く」と「読む」の力を向上する

滋賀文教短期大学国文学科講師　有山裕美子先生に聞く

小学校教師から司書へキャリアの幅を広げる

――有山先生のご専門は文化情報学、図書館情報学、児童文学で、デジタルツールを活用した国語の授業も積極的に進めておられます。先生のこれまでのキャリアを伺えますか。

有山裕美子先生（以下、有山）　高校の頃から教員を目指していて、1982年に山梨県の都留文科大学に入学し、障害児教育を専攻しました。在学中にインターンで特別支援学校に通ったこともありま

滋賀文教短期大学国文学科講師の有山裕美子先生。基礎力プログラム、ボランティア、児童文学、学校経営と学校図書館、情報メディア活用などを教える

す。卒業して最初の年は教員採用試験に失敗しましたが、川崎市の障碍者施設で生活指導員として社会人生活のスタートを切りました。

翌1988年に教員採用試験に受かり、座間市立栗原小学校の教員になりました。結婚して出産を機に1993年に退職しましたが、子供たちとの別れは辛くて、子育て中もずっと「また小学校で教えたい」という思いが続いていました。

——退職したときの思いが、のちに司書としてのキャリアを積むきっかけになるのですね。

有山　そうですね。いつか現場に復帰するときのために勉強しようと思い、玉川大学の通信教育課程を始めました。すぐに司書教諭の資格が取れたので、もう少し大学に残るため編入しました。卒論テーマは私の大好きなアメリカの絵本作家、モーリス・センダックです。センダックのことを調べるため、座間市立図書館に足しげく通うようになりました。そのとき図書館で非常勤司書の募集があり、1999年から週3回のパートタイマーの司書を務めることになったのです。

座間市立図書館では児童サービスなどを担当し、2007年まで7年半勤務しました。このときに司書の面白さを知り、図書館流通センター（TRC）が府中市立中央図書館でメンバーを募集していると聞いて応募したのです。首尾よく採用され、2007年に図書館の新館立ち上げの責任者を任せてもらいました。

1年半ほど働いたのち、工学院大学附属中学校・高校の募集を見つけ、応募しました。こうして2008年、工学院大学で嘱託職員として附属の中学・高校の図書館に勤めたのが、学校図書館との初めての関わりです。

勤務中に、法政大学の通信教育課程で高校教員の免許を取りました。工学院大附属中・高では、当初は司書としての勤務で5年間の雇い止めの予定でしたが、契約が切れるときありがたいことに引き留めていただき、嘱託専任講師に任用を変えてもらったのです。こうして2013年に、中・高専任の国語科教諭兼司書教諭になりました。

——教員になられたのが大きな転機になりました。この頃からデジタル教育の導入を始めたのですね。

有山　はい。司書の主な仕事は図書館の管理と運営ですが、教員になると授業を持てますし、できることの幅が広がります。

工学院では当時デジタル教育を推進し、2015年に中高で1人1台アイパッドを導入しました。これを機に私も、図書館を使った情報活用の授業を担当したいと申し出て、快諾していただきました。情報活用に関しては、紙の本だけでなくインターネットなどＩＣＴも活用して進めたいと考えていました。学校図書館を、情報のインプットからアウトプットまで総合的な学びのプロセスを支援する「情報センター」にしたいと思ったのです。

ＩＣＴを使った授業で最初の課題として、アイパッドで生徒たちに3分間の「自己紹介ムービー」を作ってもらいました。使ったのは、アップルの動画編集ソフト「ｉＭｏｖｉｅ（アイムービー）」です。自分の出身地の特産物をインターネットで調べたりして、動画を作成するのです。動画による自己紹介はＩＣＴの活用方法を学ぶためにも効果的でした。

ロマンサーとの出会いでデジタル出版のとりこに

――当初は、作品の出版はしていなかったのですね。デジタル出版を考えたきっかけは何ですか。

有山　最初のうちは、ロイロのオンライン授業アプリ「ロイロノート・スクール」や、アップルのワープロソフト「Ｐａｇｅｓ（ページズ）」を使ってテキストを書いたりしていましたが、生徒に出版をしてもらうという発想はまだありませんでした。

2016年に、大日本印刷でHonto事業部に所属していた花田一郎さんが開催した電子書籍を作るワークショップに参加する機会があったのです。これがとても面白くて、「学校でぜひやってみたい」と思ったのが、デジタル出版との出会いでした。

実は、生徒が作った自己紹介動画のアウトプットに関して、課題を感じていたのです。例えば間違って動画を消してしまったときのために、こちらでしっかり保管しないといけません。動画を一度に多くの人に見てもらう方法もなかったので、「せっかく作った作品が流れていってしまって、もったいない」とも思っていました。

そんなときにこのワークショップに参加して「電子書籍って、こんなに簡単にできるんだ」と感動したのです。花田さんからボイジャーさんを紹介してもらい、2017年にはボイジャーの担当者さんに中学1年と2年の授業に来ていただき、ロマンサーを使ったデジタル出版を生徒に体験してもらいました。

――このときは、ロマンサーを使ったのですね。その後、ボイジャーが学校向けのロマンサークラスルームを開発することになったのも、先生との交流がきっかけでした。

有山　授業でロマンサーを使うようになり、校外学習についてまとめたり、生徒に小説を書いてもらったりするうちに、作品数が増えてきました。生徒一人ひとりがロマンサーで作品を公開するうちに、パスワードが管理しきれなくなったりすることもあったのです。

工学院では電子図書館を導入していたので、作品はそこにアップロードしていたのですが、生徒の作品と一般に売っている書籍が一緒に置かれて同じように公開されるのはどうなのか、とも感じていました。生徒の作品の内容にどこまで責任を持てるのか、著作権問題はクリアしているかなど、作品全部を一つひとつチェックするには時間もかかります。そこで、生徒の作品はいったんクローズドな場所に置くことはできないかと思いました。

また、作品を作っている過程での教師と生徒のやり取りなど、出来上がるまでのプロセスを共有した

い思いもありました。

ロマンサーの仕組みはとても気に入っていて、生徒たちも喜んで使っているので、もっとどんどん活用してデジタル出版に取り組んでほしいと思う半面、教育現場での使い方についての課題も感じていたのです。

もともとロマンサーはデジタル出版を行いたい一般ユーザーに向けて開発されていたので、例えばこれに一部の機能を追加したり制限したりして学校内で使えるバージョンがあるとうれしいと感じて、ボイジャーさんにご相談してみました。

——先生とボイジャーと約1年間のやり取りを経て、2019年に、学校向けのロマンサークラスルームがリリースされました。

有山　中学生はまだ、作品の内容を自分でコントロールできないところもありました。ですので、ロマンサークラスルームのように教育現場でクローズドに使える仕組みができたことは、とてもありがたかったです。

特にロマンサークラスルームでは、作品を皆で読んで批評し合ったり推敲したりと、互いにフィードバックができるのが特徴です。

ボイジャーさんから「作品にコメントを付ける仕組みを付けてはどうでしょう?」と提案されて、「ぜひ付けてください」と追加してもらった機能です。教員だけで作品を確認したり、または特別な友達だけに読んでもらえる「招待機能」もあります。先生を飛ばして生徒たちだけでコメントし合うこともできます。ロマンサークラスルームでは、こういったカスタマイズもしていただいて、本当に感謝しています。

デジタル出版で国語の授業に広がりが出た

――SNSやラインの普及で、最近の子供は文章を書くことに慣れていると思いますが、表紙や奥付を付けた本を作る体験はなかなかできません。その意味でロマンサーは貴重なツールですね。

有山　デジタル出版ができるようになったことで、国語の授業に広がりが出ました。ロマンサークラスルームを使えば、生徒がタブレットで自分で描いた絵を入れて書籍の表紙を作ったり、表紙と中の文章のデータを別々に管理したりできます。

ページズや、グーグルのプレゼンテーションツール「Google Slides(グーグルスライド)」でも文章は書けますが、ロマンサーは自分でカスタマイズしながら作品を作り上げていけるのが魅力です。
章立てや構成を考えて作品を作れるので、全体の見通しを持ち、責任を持って1冊の本を作り上げるという過程を体験できるのが、ロマンサーの圧倒的な強みだと思います。

――ずいぶん前に、「アウトラインプロセッサー」というソフトを知って衝撃を受けました。文章をいきなり書き始めるのではなく、章立てなどアウトラインを決めてから執筆にかかることで、論理的な構成にできると知りました。ロマンサーでも同じような体験ができるのですね。

有山　文章のアウトラインを考えるのは大事なことですね。ロマンサーにはNRエディターという機能が2021年につき、編集や目次作成などいろいろできて本当に便利になりました。文章を簡単に縦組み

にできるのもありがたいです。古文や漢文はやはり縦書きにしたいですし、出版することを考えると、何物にも代えがたいツールだと思います。

――先生は2021年4月から2023年3月まで、軽井沢の風越学園におられました。ここでは国語の授業をどのように進めていましたか。

有山　風越学園では小学3年生と4年生の国語を担当し、学校図書館をどう使っていくか、国語の授業で読書をどのように扱うか、課題を見つけて調べる方法などを、日々探求していました。

3年と4年では週に2時間、自分で作品を作る「作家」という授業がありました。テーマは物語、エッセイ、ノンフィクション、ショートショート、俳句などさまざまで、子供たちの自由な発想で書いてもらいます。手書きの場合は原稿用紙に書いたり、画用紙に文章とイラストを入れたりと、やり方は自由です。中には「手書きは苦手だが、パソコンでドキュメントを扱う方が楽」という児童もいました。

長さも1ページの作品から30～40ページの大作まで、いろいろです。授業の最初の10分くらいで文章を書くときのポイント、例えば修飾語にはどんなものがあるかといったことを話したあと、自由に書いてもらいます。作品ができるとお互いに読み合ったり、批評し合ったりしました。

一方で、本を読む「読書家」という授業もあり、各自が本を黙読、音読したり、皆で同じ本を読んだりとさまざまでした。このとき読んだ本で心に残った言葉を参考にして、「作家」の時間で活用してもらうこともありました。

読むことと書くことは密接に関わっていて、読書することで書くときのアイデアを見つけることができます。

――授業でロマンサークラスルームも使いましたか。

有山　「作家」の時間の最終的な目標は出版なので、数回出版をしてきました。ロマンサークラスルームを使う場合もありますし、紙に印刷して配る場合もあります。小学校4年生以上は全員「ChromeBook（クロームブック）」を持っているので、5、6年はロマンサークラスルームを使って出版することが多かったようです。

デジタルだからこそお互いの関係性が深まる

有山　ロマンサークラスルームのようなデジタル出版ツールを活用することで、ネットワークも広がります。自分の作品をネットで公開すれば、クラスの友達や先生、親にも読んでもらえます。好きなグループを作って皆で講評することもできますし、いろいろな人との作品の共有を柔軟に行えます。

よくICTを導入すると人間同士の関係が希薄になる、と心配する人がいますが、私はそんなことはないと考えています。むしろ、いろいろなグループを作ったり別のクラスや学校のメンバーと交流できるようになり、人間関係が広がっていくのではないでしょうか。

——デジタルだからこそ、作品を通して多くの人と交流できるのですね。先生はロマンサーやロマンサークラスルームの使い方を「YouTube（ユーチューブ）」で紹介するなど、校外でも積極的に情報発信をなさっています。

有山　ロマンサークラスルームは皆さんに使ってほしいので、ネットで紹介したり、国語科の教員や学校図書館関係者の集まりで強くおすすめしています。

私は「優れた読み手は優れた書き手になる」と考えています。国語の授業ではいつでも、読書をするときは「自分が書くときに、このフレーズを使ってみよう」と考えながら読むように指導しています。

文部科学省の令和4年度「子供の読書活動推進等に関する有識者会議」の委員を務めさせていただきましたが、その議論の中で「ICTを活用して自分でどんどん書いていくことで、読む力も付いてくる」とお話ししました。それも、「作家の気持ち」になって書くことが大事です。ロマンサークラスルームはこういった姿勢を育んでくれる、貴重なツールです。

少し話がそれますが、子供たちが書いた作品をロマンサークラスルームでネットにアップするとき、本のタイトルを『　』(二重かぎかっこ)でくくっているのですが、これを見た子供たちが「えっ先生、『　』を使ってもいいんですか?」と聞いてくるんです。「作家が書いたちゃんとした作品ではないのに、いいのか」と。

――面白いですね。確かに市販書籍のタイトルは『　』で囲みます。

有山　そのように教わっているんでしょうね。そういうとき私は「きみたちがちゃんと自分の責任で書いた作品で、著作権もきみにあるんだから、タイトルに『　』をつけていいんだよ」

と言っています。

書いた文章をPDF化することは簡単ですが、ロマンサークラスルームで作った作品はきちんとした「出版物」なのだ、という矜持を持ってもらえるとうれしいです。その意味でも「本の形態」を取ることは大事で、出版に特化したロマンサーのようなツールは重要だと思います。

――ただ書くのではなく「出版する」ことがポイントですね。

有山　授業の中ではもちろん、普通にレポートを書く場面もありますが、ロマンサークラスルームを使って「出版する」という感覚を味わえることが大切です。書くことには責任を伴うということも同時に教えられるのです。

風越学園では「作家」「読書家」のほかに、小学3年生から中学生を対象に「デジタル・シティズンシップ」という授業も行っていました。中学3年で「出版を体験しよう」というテーマで、ロマンサークラスルームを使い、著作権の話や責任を持って情報発信する話もしました。

――教育現場のデジタル化に関して、課題はありますか。

有山　デジタルは便利ですが、難しいところもあります。せっかくのツールなので、積極的に使っていきたいというのが私の基本的な姿勢です。デジタルもアナログもいろいろある中で、子供たちが自分に合ったものを選べる環境を作り、自分に合わせてカスタマイズできるように、教育現場で子供に寄り添いながら活用していきたいと思います。

――中には「デジタルよりもアナログが大事」という古い考えの人もいるかもしれません。

有山　そういう方もいるかもしれませんね。ただ、私たちが育ってきた時代と違って、今の子供たちは生まれたときからデジタルに囲まれています。子供の目線に立って、子供が見ている風景を一緒に見ていく必要があると私は思っています。

ロマンサーやロマンサークラスルームのようなツールのメリットは、良い意味での「不親切さ」だと思います。何もかも手取り足取り作ってくれたり、あれこれとリコメンドしてくれるのではないという点です。

全てが自動化されていたら作品がどれも似たようなものになり、オリジナリティーがなくなってしまいますよね。その意味でロマンサーはシンプルな機能で、使う人の独創性や創造力を育て、カスタマイズすることの楽しさを教えてくれるところが素晴らしいと思っています。

PROFILE

学校法人松翠学園滋賀文教短期大学国文学科講師

有山裕美子

1985年都留文科大学卒業後、障碍者者施設の指導員を経て、座間市立栗原小学校に勤務。退職後司書の資格を取得し、1999年に座間市立図書館の非常勤職員となる。2007年、府中市立中央図書館TRCスタッフとして勤務。2008年工学院大学の嘱託職員になり、2013年同大学附属中学校高等学校国語科教諭・司書教諭。2021年4月~2023年3月まで、軽井沢風越学園に勤務。このほか和光大学非常勤講師(2012年~2016年)、日本大学芸術学部非常勤講師(2018年~2022年)。主な著書に『学校経営と学校図書館』(共著、全国学校図書館協議会、2019年)など。学校図書館や国語教育とICT、学校現場における情報リテラシーなどに関する論文、講演多数。都留文科大学、法政大学の非常勤講師も務める。都留文科大学文学部初等教育学科障害児教育専攻学士(教育学)、玉川大学文学部学士(文学)、日本大学大学院総合社会情報研究科文化情報専攻修士(文化情報学)。

本文写真撮影:稲垣純也

第4章　学校現場でのロマンサー活用事例

先生と生徒によるロマンサー作品を紹介

第2章、第3章では、教育現場でロマンサーやロマンサークラスルームを利用したデジタル出版のケーススタディを紹介してきた。

この第4章では、ほかにも中学／高校などで先生と生徒がデジタル出版に挑戦した事例を紹介する。ボイジャーのロマンサーのウェブサイト「作品事例」からピックアップした。

課題図書の内容と読書ポイントを指南するガイド

最初に紹介するのは、課題図書のブックガイド『課題図書紹介2022』だ。2022年度の第68回青少年読書感想文全国コンクールの課題図書を15作品紹介した書籍で、2022年5月に公開された。小学校低学年から中学校の生徒を対象にしている。

多くの学校で、課題図書をテーマにした読書感想文が夏休みなどの宿題になるが、「作文が苦手」「感想を書くときのポイントが分からない」という生徒もいるだろう。

本書は取り上げた課題図書の内容を簡単に紹介し、読むときのポイントをまとめている。文末に図書館蔵書検索サイト「カーリル」（※注参照）へのリンクもあるので、課題図書の表紙や概要もその場で確認できる。生徒だけでなく、先生にも役に立つ1冊だ。

著者は、元小学校教諭兼司書教諭の藤田利江氏。現在は全国学校図書館協議会学校図書館スーパーバイザー（SLS）、NPO法人学校図書館実践活動研究会の理事を務める。学校図書館に関する著作も多く、同著者による電子書籍『課題図書ブックガイド2012—2023』も公開されている。

『課題図書紹介2022』、藤田利江著、2022年5月24日公開

コロナ禍に制作、16歳の生徒たちによる珠玉の短編集

次に紹介するのは、佼成学園高等学校2021年度第1学年による『ダイバーシティKOSEI』だ。2021年3学期に同校の現代文の授業で制作した短編集を、教諭の野上耀介氏と立石顕規氏がまとめた。

2020年、新型コロナウイルス感染拡大による一斉休校を余儀なくされ、オンライン授業が始まった。オンラインのメリットもあるが、休み時間がなくなって生徒同士の交流と発信の機会が減ったのではと懸念した野上先生は、生徒たちにショートショート作品を作って発信してもらうことを企画する。

掲載された生徒の作品数は170以上。エッセイからSF小説まで、さまざまなテーマの短編が並ぶ。先生による紹介文には「コロナ禍で様々な制約を強いられた16歳の青年たち。それでも描く希望や未来、そして抱える不安や葛藤を、短い小説で表現しました」とのメッセージが。生徒たちに向けて「作家諸君」と呼びかけているのも好ましい。

読後の感想を送るフォームにリンクしているのも、電子書籍ならではの仕掛けといえる。

生徒たちの「今」が生き生きと伝わる作品集

次に紹介するのは、東京都中野区立中野東中学校の令和3年度卒業生による短編集『青空に翔ぶ』。国語科3年間の学習の集大成として生徒たちが作った作品を、同校の国語教諭、青野祥人氏がまとめた。まえがきによると青野先生は「国語の授業の軸を、誰かと分かりあおうとすることに設定した」という。

『ダイバーシティKOSEI』、佼成学園高等学校　2021年度第1学年／野上耀介／立石顕規著、2022年1月12日公開

他者とコミュニケーションをとりながら自分や他者と向き合い、自己を確立するために「自分の力で作品を創る」取り組みを行った、と青野先生は説明する。

掲載作品は全部で120以上。「結果的にハチャメチャなものが出来上がってきた」と先生はコメントしているが、生徒たちの日常が生き生きと伝わってきて読みごたえがある。

生徒たちのペンネームが面白いのも見どころだ。先生から「生徒達の題名やペンネームへのこだわりまで堪能いただけましたら幸いです」とのコメントがある。

『青空に翔ぶ』、中野区立中野東中学校　令和3年度卒業生著、2021年7月24日公開、2022年3月19日更新

生徒たちが読み解いた、それぞれの源氏物語

次に紹介する『源氏恋物語アンソロジー』は、東京・目黒と練馬にキャンパスを持つアオバジャパン・インターナショナルスクールの生徒の作品集だ。「MYP日本語：言語と文学」の9年生（中学3年生）が、それぞれの理解で光源氏の恋物語を紡いでいる。

先生らしき方から「時代考証がきちんとされていない作品もありますが、大目に見てあげてください（笑）」とのコメントもある。

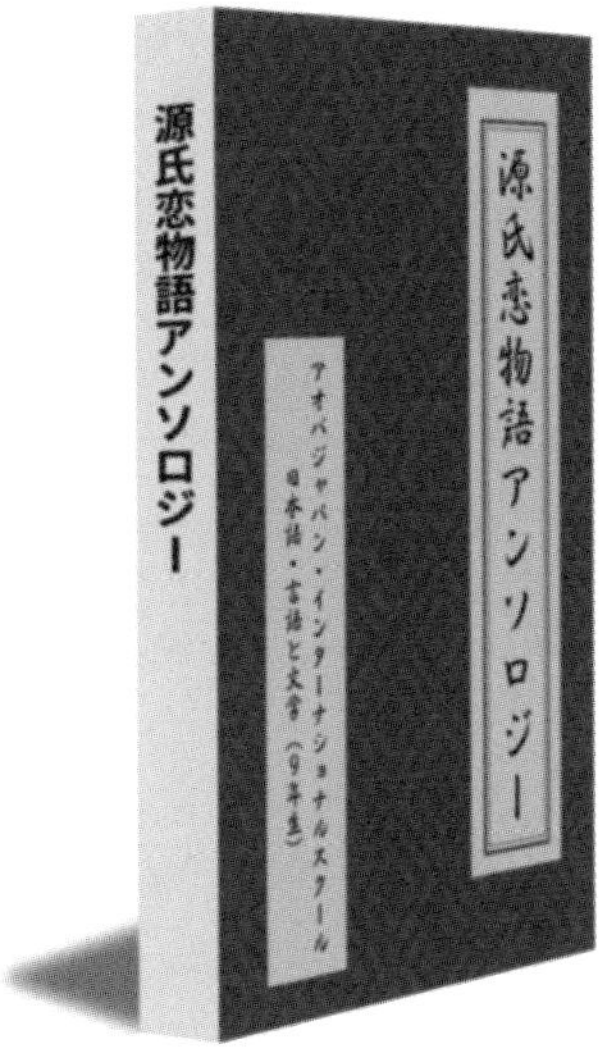

『源氏恋物語アンソロジー』、アオバジャパン・インターナショナルスクール MYP日本語：言語と文学（9年生）著、2022年2月24日公開、2022年3月30日更新

中学生たちがおすすめ、書籍の魅力を伝える紹介文集

次に紹介するのは、『本の魅力を伝えよう～私たちのおすすめ本～』。著者は神奈川県川崎市立西生田中学校２学年の生徒たちだ。

生徒たちが推薦する13冊の書籍について、分かりやすい解説と思わず読みたくなるようなおすすめコメントで紹介している。

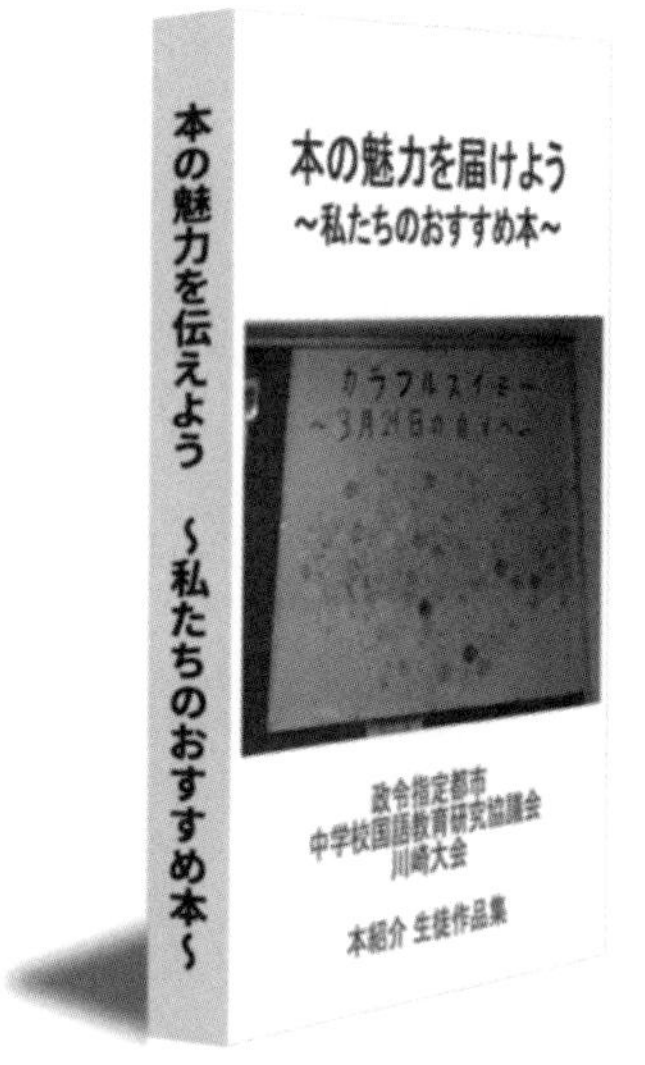

『本の魅力を伝えよう～私たちのおすすめ本～』、川崎市立西生田中学校２学年著、2022年11月公開

教育者グループがネットで共同執筆したレポート

ここからは、第2章と第3章でインタビューした先生方の著書を取り上げよう。

まずは、都留文科大学の野中潤先生による2021年3月公開の編著書『GIGAとコロナの2020レポート②』。本書は、「Facebook（フェイスブック）」のグループ「ICTで国語授業を変える教育者グループ」のメンバーである教師たちの共同執筆によるもので、コロナ禍におけるオンライン授業の取り組みや、1人1台のデジタル端末による授業の様子などを、国内のさまざまな学校の先生方がつづったレポート集だ。

制作プロセスもデジタル時代らしく、先生方がそれぞれ執筆したグーグルドキュメントのファイルをクラウドで共有。離れた場所から互いにコメントしながら編集や校正作業を行い、関わった12人の先生同士がなんと一度も顔を合わせることなく刊行に至ったという。

本書タイトルに②とあるが、PDF版（横書き）で発行した第1弾に続く第2弾のレポートとなっている。

調査書や紙の書籍のサブテキストもデジタル出版で

専修大学の植村八潮先生も、ロマンサーによる著作を公開している。その一つが専修大学の野口武悟先生、電子出版制作・流通協議会との共著である『電子図書館・電子書籍貸出サービス調査報告２０１８』だ。

『GIGAとコロナの2020レポート②』、野中潤／ICTで国語授業を変える教育者グループ著、2021年3月31日公開、2021年4月3日更新

本書は一般社団法人電子出版制作・流通協議会が２０１３年から実施している電子図書館に関するアンケート調査の結果報告と、電子図書館の現状、課題や将来展望などをまとめたものだ。

『電子図書館・電子書籍貸出サービス調査報告2018』、植村八潮／野口武悟／電子出版制作・流通協議会著、2019年1月23日公開、2019年1月23日更新

このほか植村先生は『アイデアの錬金術：出版と文化』を読む前に』（２０２０年１月７日公開）というエッセイや、『植村八潮の出版メディア論　メディアについて』（野口秋生、植村八潮共著、２０１８年１月29日公開）なども公開している。どちらも10ページほどだが、こうした短い記事もロマンサーを活用して気軽に発行できることが見て取れる。

学校図書館の在り方を考えさせられる1冊

次に紹介するのは、滋賀文教短期大学の有山裕美子先生の著書だ。工学院大学附属中学校・高等学校に在籍した頃に「HON.jp News Blog」に寄稿した記事を電子書籍にまとめたものである。先生は「学校図書館には情報活用能力を育成する機能が求められる」と指摘し、コロナ禍での学校図書館の取り組みを紹介し、課題についても触れている。

『学校図書館の存在意義とデジタルトランスフォーメーション（DX）』、有山裕美子著、2020年6月18日公開

本章では、先生や生徒によるロマンサーの作品事例を紹介してきた。お気づきと思うが、作品によっては公開後、更新した日付も記載されている。ロマンサーを使えばコンテンツの更新も手軽に行えることが分かるだろう。

なおロマンサーのウェブサイトには「読み上げに対応しています」と記されているように、音声読み上げ機能も搭載されているため、作品コンテンツを耳で聴くこともできる。ぜひ試してみてほしい。

第5章　ロマンサー導入校に使用感をアンケート

導入3校に聞く、ロマンサーのメリットと課題

本書の最終章である第5章では、第2章、第3章で紹介した学校のほかにロマンサークラスルームを導入している教育現場の先生方にアンケート調査を行い、ロマンサークラスルームの活用法や使い勝手についてお聞きした。アンケートは2022年秋に行い、関西大倉学園中学校、近畿大学附属広島高等学校・中学校 福山校、山崎学園富士見中学校高等学校の3校の先生方から回答を得た。

関西大倉学園中学校（大阪府茨木市）では、2022年9月にロマンサークラスルームを導入した。中学1年生と2年生それぞれ4クラスずつ合計130人の生徒が、国語科で「作家の時間」の出版ツールとして活用している。

「それまでは紙で文集を作成していましたが、ロマンサークラスルームを使うことで教員の負担が減りました」と話すのは、国語科担当の堀内誠太郎先生だ。「紙で出版して読むことのメリットも確実にあると感じていますが、やはり紙の出版には手間がかかります。こうした時間をかける余裕がないのが現状で、ロマンサークラスルームのようなデジタル出版ツールがあ

ると、とても助かります」。

生徒が書いた文章を実際の読者に読んでもらえるので、フィードバックを受けやすくなったことも、ロマンサークラスルームを導入した成果だと堀内先生は指摘する。

近畿大学附属広島高等学校・中学校 福山校（広島県福山市）では、２０２２年10月～12月にかけてロマンサークラスルームを導入した。中学2年の2クラス（生徒数は63人）で活用し、生徒が創作したショートショートの作品を電子書籍化して共有した。

ロマンサークラスルームの使い勝手について生徒にアンケートを取ったところ、「作品を登録しやすく、読みやすい」「作品へのコメントや閲覧数が見やすく、自分の作品がどれだけ読まれているか分かってうれしかった」などの感想が寄せられた。国語科担当の岡本歩先生は、「生徒同士が自らのアウトプットを共有し合うことは、他者の目を意識した客観的なアウトプットに最も効果的だと考えています」と話す。

「教材を通じて自分の考えや思いをアウトプットし、また自分たちのアウトプットを教材化することで、アナログにもデジタルにも対話が生まれます。それによって多くの気づきがあり、生徒たちの思考や考察の変化や変遷も見て取ることができました。生徒たちが安心・安全にアウトプットし合える空間であることが、主体的に学ぶ集団を育てるのに必要だと考えています。ロマンサークラスルームでは、まさにその空間をつくることができ、生徒たちも楽しんでいました」（岡本先生）。

学校教育とICTについて岡本先生は、「アウトプットを共有しやすく主体的な学び合いを生むことが、ICTの醍醐味だと考えています。これからもロマンサークラスルームによってどんな広がりが出てくるか、引き続き学んでいきたいと思います」と語った。

ICTはあくまでも学びの手段、どう表現するかが重要

山崎学園富士見中学校高等学校（東京都練馬区）では、2020年にロマンサークラスルームを試験導入し、2021年から本格導入した。

同校の生徒数は中学1年から高校3年まで1450人。6年間の探究プログラムの成果物の発表の際にロマンサークラスルームを活用した。

各学年の成果物は、中学1年が「モノをテーマにしてグループでつくる電子雑誌」、中学2年が「自分が住む街についてのレポート」、中学3年が「自分でテーマを決める論文」、高校1年が「SDGs（持続可能な開発目標）に関連した読書レポート」、高校2年が「卒業研究『学

びの履歴書』の中間レポート」、高校3年が「卒業研究『学びの履歴書』最終論文」となっている。それぞれの成果物は、生徒の保護者も閲覧できるようにした。

ロマンサークラスルームを導入した成果について、司書教諭の宗愛子先生、情報科の齋藤修一先生は「従来の紙のレポートや論文は限られた人しか読めませんでしたが、電子書籍にすることで保護者も作品を読む機会を得られました」と指摘する。「保護者から多くのコメントやフィードバックをもらえるようになり、生徒にとって大きな励みになりました」。

ロマンサークラスルームで成果物を公開することで、他学年の作品も読めるようになる。「先輩の作品を参考にすることもできて、学びがより深まった印象です」（齋藤先生）。

「本校では、ＩＣＴ機器は特別なときに使うものではなく日常のものになっていて、生徒がさまざまな場面で主体的に活用しています。ＩＣＴを使いこなすことがゴールではなく、ＩＣＴを活用してどのように表現するかが大切です。ＩＣＴはあくまでもその手段の一つであることを間違えないようにしながら、今後も積極的に活用していきたいと思います」と齋藤先生は締めくくった。

３校の実態調査から、ロマンサークラスルームを使う大きなメリットは、デジタル出版の容易さと、作品を生徒や保護者同士で共有することによる「学びの質の向上」であることが分かった。コロナ禍の制限がある中での新しい国語授業の試みとしても、ロマンサークラスルームの導入成果は大きいといえるだろう。

ロマンサークラスルームへの要望は

前述の導入校の先生方に、ロマンサークラスルームへの要望もあわせて聞いてみた。

まず挙げられたのは、横書きによる出版だ。第1章でも解説したように、現在はNRエディターによる縦書きの編集が基本になっている。小説などの発行を想定したためだが、作品によっては横書きでレイアウトしたいものもある。横書きの機能については、ボイジャーで対応済みだ。ロマンサーでは2023年6月のリニューアルで、縦書きか横書きかを選べるようになった。ロマンサークラスルームに関しては2023年7月から、導入している学校向けに順次個別に対応している。

もう一つの要望として、「iPad（アイパッド）」によるEPUB編集への対応も挙げられた。なお2022年秋のアンケート当時、ロマンサークラスルームの管理者機能について、パスワードの一括変更などユーザーインターフェースの向上を望む声も寄せられていた。「一人の生徒が過去に作った作品を遡ることができないのが不便だ」という指摘もあったが、これについては2022年10月のリニューアルで対応済みである。

最後に、学校の現場が抱える課題に関して、先生方の生の声を紹介しよう。

アンケート調査への回答の中で、「デジタルツールを導入する予算の確保が難しい」という指摘があった。学校によっては「授業での使用とすると予算確保のハードルが高いので、図書館としての導入という形にせざるを得ない」という現状があると分かった。

「クラス全員がロマンサークラスルームを使おうとすると、つながるのが遅くなってしまう」という声もあったが、これはネットワーク環境の問題だと考えられる。第2章でも触れたように、教育現場の通信インフラの整備が待たれるところだ。

注

第1章

EPUB（イーパブ）

「Electronic PUBlication」の略。国際電子出版フォーラム（IDPF：International Digital Publishing Forum）が策定した、電子書籍ファイルのフォーマット規格のこと。現在はW3Cが管理している。ハードウェアに依存しないオープンフォーマットなので、さまざまな端末で読めるのが特徴。2011年にEPUB 3がリリースされ、普及している。

第2章

ルーブリック

項目と点数で、生徒や学生の学習到達状況を評価するための基準。この手法を「ルーブリック評価」ともいう。ルーブリックは複数の項目から成り、それを一覧表にしたものを「ルーブリック表」という。

デジタル・シティズンシップ

情報技術を利用するときの、適切で責任ある行動規範を指す。教育現場では、生徒がインターネットやデジタル端末を使うときの規範や原則など、生徒に教えるべき内容を規定し、「デジタル・シティズンシップ教育」とも呼ばれる。

リフロー版

次ページのリフロー型を参照。

SAMR（セイマー）モデル

ICTの教育への影響度を測る考え方。ICTを取り入れることでSubstitution（代替）、Augmentation（拡大）、Modification（変容）、Redefinition（再定義）の4変化が起きるとする。「代替」とは例えば、プロジェクターが黒板、ワープロがペンの代わりになることなどを指す。ワープロにより、手書きよりも推敲や修正が簡単になることが「拡大」に当たる。さらにネットワークやデジタルツールの活用で複数人によるデータ共有や議論が可能になり、教え方や学び方に「変容」

や「再定義」が生まれる、という考え方。

BYOD

「Bring Your Own Device」の略。個人が保有するデジタル機器を会社や学校などに持ち込んで使うこと。

オンライン閲覧目録（OPAC）

「Online Public Access Catalog」の略。図書館などで利用できるオンライン蔵書目録検索システムのこと。

機関リポジトリ

大学や研究機関が、所属している教員、学生などの知的成果物（研究論文、レポート、実験データなど）を電子化し、保存・公開するためのシステムのこと。

リフロー型／フィックス型

電子書籍のレイアウト方法。リフロー型は、閲覧する機器にあわせて文章やレイアウトが流動的に表示され、文字の大きさや画面内の文字数表示が変わる。文章主体の小説などのレイアウトに採用されることが多い。これに対し、常に決まったレイアウトで表示される電子書籍のレイアウト方法をフィックス型と呼ぶ。雑誌記事などのレイアウトに採用されることが多い。

EPUB 3

前ページのEPUBを参照。

第3章

小説家になろう

投稿型の小説サイト。自分が書いた小説を発表したり、投稿された小説を読んだりできる。ユーザー登録すれば無料で利用できる。https://syosetu.com/

第4章

カーリル

図書館蔵書検索サイト。全国７４００以上の図書館から、リアルタイムの貸出状況を検索できる。地域の図書館も調べることができる。https://calil.jp/

おわりに

おそらく「紙の本」の著者の多くがそうであるように、筆者はこの「おわりに」の原稿を、本書発行予定日の数週間前に書いている。このあと原稿からページを制作し、印刷して書籍となって世に出ることになる。

自分の書いた文章が数秒後に公開され、一瞬で世界中の人々に届くようなデジタル時代にあって、紙の本の制作は「待ち時間」が多い。そんな「待ち時間」を利用して、本書発行の経緯を少しお話ししよう。

まずは少しばかり時代を遡って、ボイジャーと筆者の出会いについて語ることを許してほしい。

※　　※

私がパソコン（パーソナルコンピューター）に初めて触れたのは、大学卒業後、理工系出版社に就職した1984年のことだ。タブレットやスマートフォンは、もちろんまだ存在していない。当時は、企業のマシンルームに鎮座する大型コンピューターが主流だったから、個人がコンピューターを使えるようになったこと自体、とてもエポックメイキングなことだった。

文系出身、作家志望の私がなぜ理工系出版社に入社したかという理由は、ダイバーシティーに関する講演や著書でずいぶん話してきたので、本書では割愛する。ともあれ理数系が苦手だった私は、入社当時は会社の発行する雑誌のコンピューター用語が理解できず、非常に苦労した。ただ、その頃私が確信していたのは「コンピューターが今後の社会と生活を大きく変えていく。自分はその転換期のただなかにいるのだ」ということだった。

手書きではなく、キーボードから文字を入力する喜び。メールで、離れた相手に一瞬で文章を送れることの驚き。ICTの進化は速く、毎日がエキサイティングだった。

1991年、編集長としてパソコン誌を創刊したとき、私もメディアで社会を変えようと思った。男性中心だったコンピューター業界に一石を投じようと、誌面に女性の執筆者を起用し女性社長のインタビュー記事を載せた。一部の読者からは「女は引っ込んでいろ」と叩かれたりしたが。

デジタル出版に早くからチャレンジしていた企業、ボイジャーの萩野正昭さん、鎌田純子さんに取材させていただいたのも、この頃のことだ。「誰もが自由に参加できる新しいメディアの創造」をミッションとする同社は、「日本語版エキスパンド・ブック」「T-Time」など、デジタル出版関連ツールを次々にリリースし注目を集めていた。

その後1997年にビジネス系出版社に転職した私は、パソコン誌のほかにビジネス誌、女性誌などさまざまなメディアに関わった。その間もデジタル機器は進化を続け、携帯電話、タブレット、スマートフォンが次々に登場した。画面を指でなぞったり叩いたりして指示を出す、ユーザーインターフェース――。1970年代にかのアラン・ケイが夢見た端末が、いつしか現実のものになっていた。

※　※

実に20年ぶりに萩野さんからご連絡をいただいたのは、2022年初夏のこと。60歳を迎えた私は定年退職し、再雇用で働いていた。久々に再会した萩野さん、鎌田さんは以前と変わらず精力的で、ボイジャー創業30周年の節目にシリーズ書籍を出したいと熱く語る。こうして企画がスタートした「デジタル一滴シリーズ」で、教育とICTがテーマの書籍を担当することになった。

1990年代にも、学校教育とコンピューターに関して取材したことがあった。子供たちがプログラミング言語を使ってロボットを動かす授業を見学したこともある。あれから30年、教育現場でのコンピューター活用はどのように進んでいるのだろうか。そんな興味を抱きながら本書の取材をスタートした。

冒頭でも述べた通り、本書の主役はデジタル出版と、それを支援するボイジャーのロマンサーだ。ボイジャーの皆さんと一緒に先生方のインタビューを続けるうちに、新しい発見があった。私が子供時代に経験していた座学中心の一斉授業から、学びの形は大きく姿を変えていた。どの学校でも生徒が主体的に授業に関わり、積極的に学んでいる。先生の主な役割は、生徒のファシリテートだ。政府が人的資本の強化を求める中、企業は自社の持続的成長と価値向上のために「人材」を重視し、社員が自律してキャリアを築く「キャリアオーナーシップ」が求められている。同様に学校の現場でも、デジタルツールを駆使して生徒や学生たちが自発的に学ぶことを始めているのだ。

インタビューを通じてさらに感銘を受けたのは、ICTを教育に活用しようと日々努力を惜しまない、先生方のあくなき情熱と挑戦の姿勢だった。

「コロナ禍を過ごした生徒たちに、悲しい思い出ばかりで卒業させるのは不憫。中学生活を良い思い出として形に残してほしかった」と話していた石鍋先生。

「デジタル化を推進するのは、それが子供たちの未来につながるから」と言い切った野中先生。

「先生の役割は生徒の学びを支援すること」と微笑み、ゼミ生を主役にした書籍を何冊も発行してきた湯浅先生。

そして「学生には、文学を学ぶことで変化に耐えるスキルを身に付けてほしい」と願う植村先生や「子供の目線に立って、子供が見ている風景を一緒に見たい」と語る有山先生。

生徒や学生の真の学びと成長を願う先生方の情熱が、ひしひしと伝わってきた。

取材を通じて、素晴らしい先生方や生徒の皆さんとの出会いが大きな収穫になった。さらに、グローバルな時代だからこそ国語の授業が大事なのだと改めて感じさせられた。そして最も重要なのは、教育ＩＣＴはあくまでも手段であり、それを上手に活用して学びの質を向上させることだといえるだろう。

最後に、ボイジャーの皆さん――本書執筆の機会を与えてくださった萩野さん、シリーズ座長として的確に指導してくださった鎌田さん、先生への依頼や取材同行でご協力くださった蒲生淳さん、柳尾知宏さん――に心からの謝意を述べたい。

「デジタル一滴シリーズ」は、今後もさまざまなテーマで刊行していく。引き続きご期待いただきたい。

そしてもう一つ。冒頭で「紙の本」と書いたが、本書は電子書籍としても発行予定だ。コンテンツはほぼ同様だがデザインが変わるので、あわせてご覧いただければうれしい。

本書の校了と同時に、電子書籍の編集をスタートすることになる。そのときは、この「おわりに」も少し書き換えることになるだろう。何を書こうか考える時間があまりないのが、電子書籍のちょっと辛いところではある。

2023年　梅子黄（うめのみきばむ）の候　大塚　葉

大塚 葉(おおつか よう)

1984年早稲田大学法学部卒業後、技術評論社に入社。パソコン誌と書籍の編集に携わり、「一太郎」「MS-DOS」などの解説書を企画・執筆しロングセラーに。

1991年、初心者向けパソコン誌「パソコン倶楽部」、1996年、日本初の女性向けパソコン誌「パソコンスタイルブックfor Women」を創刊。

1997年日経BPに入社し、「日経PCビギナーズ」発行人／編集長を務めたのち日経ビジネス、日経WOMAN編集委員などを兼任。

2018年、日経BP 総合研究所HR人材開発センター長に就任。

現在は日経BP 総合研究所 上席研究員 シニアコンサルタントとして人的資本、DE&I、働き方改革などに関する講演、研修、執筆などを行う。

主な著書に『人材マネジメント革命～会社を変えるカリスマ人事たち～』『攻める周年事業で会社を強くする!』(いずれも日経BP)、『やりたい仕事で豊かに暮らす法』(WAVE出版)など。

裏千家茶道 助教授として茶道教室も開催している。

国語の授業、最前線！

デジタル出版ツール活用事例に見るICT

発行日　2023年7月12日
編　著　大塚 葉
発行者　鎌田純子
発行元　株式会社ボイジャー
〒150-0001 東京都渋谷区神宮前5-41-14
電話　03-5467-7070

©Yoh Ohtsuka
Published in Japan
電子版：ISBN978-4-86689-329-7
印刷版：ISBN978-4-86689-330-3

本書の一部あるいは全部を利用（複製、転載等）するには、著作権法上の例外を除き、著作権者ならびに発行元の許諾が必要です。